Hinter dem Sachregister befindet sich ein ausführliches Verzeichnis der

Guttentagschen Sammlung

Deutscher Reichs- und Preußischer Gesetze

— Textausgaben mit Anmerkungen; Taschenformat —

die alle wichtigeren Gesetze in unbedingt zuverlässigem Abdruck und mit mustergültiger Erläuterung wiedergibt.

Guttentagsche Sammlung
Nr. 57. Preußischer Gesetze. Nr. 57.
Textausgaben mit Anmerkungen und Sachregister.

Gesetz über Landeskulturbehörden

nebst

den für das Verfahren der Landeskulturbehörden geltenden Vorschriften des Landesverwaltungsgesetzes

und

den Ausführungsvorschriften des Ministers für Landwirtschaft, Domänen und Forsten.

Erläutert von

W. Holzapfel,
Geheimem Oberjustizrat,
Mitglied des Oberlandeskulturgerichts.

Berlin und Leipzig 1919.
Vereinigung wissenschaftlicher Verleger
Walter de Gruyter & Co.
vormals G. J Göschen'sche Verlagshandlung — J. Guttentag, Verlagsbuchhandlung — Georg Reimer — Karl J. Trübner — Veit & Comp.

Druck von C. Schulze & Co., G. m. b. H., Gräfenhainichen.

Vorwort.

Unter den Gesetzentwürfen, die der Minister für Landwirtschaft, Domänen und Forsten Braun in seiner „Denkschrift über die schleunige Inangriffnahme der Besiedlung und Ödlandskultur in Preußen" vom 19. März 1919 — Drucks. Nr. 129 der Preußischen Landesversammlung 1919 — angekündigt hat, ist der „über Landeskulturbehörden" der erste, der zur Verabschiedung gelangt ist.

Die in dem Gesetz durchgeführte Umgestaltung der Auseinandersetzungsbehörden ist in erster Linie als Maßnahme zur Vorbereitung der Binnensiedlung gedacht. Die Denkschrift sagt darüber:

Notwendig ist aber, die vor 100 Jahren geschaffenen Auseinandersetzungsbehörden den veränderten Verhältnissen anzupassen, um ihnen die für die innere Kolonisation notwendige Bewegungsfreiheit zu geben. Insbesondere wird

ihre kollegiale Verfassung unter Beseitigung der Richterprivilegien der Mitglieder aufzuheben,

das Schwergewicht ihrer Tätigkeit in die Lokalinstanz (Spezialkommission) zu verlegen,

das Laienelement zur Erledigung der Geschäfte heranzuziehen und für ihr Verfahren der Grundsatz der Öffentlichkeit, Mündlichkeit und Unmittelbarkeit einzuführen sein.

Damit dürfte die subjektive Seite der Siedlungsfrage in einer allen berechtigten Ansprüchen Rechnung tragenden Weise gelöst sein.

Die Umgestaltung der Auseinandersetzungsbehörden und ihres Verfahrens hat aber nicht nur für die Binnensiedlung, die in die Hand der umgestalteten Behörden gelegt werden soll, sondern für den gesamten Tätigkeitsbereich der Auseinandersetzungsbehörden Bedeutung. Namentlich werden auch die eigentlichen Auseinandersetzungsgeschäfte — Ablösungen, Gemeinheitsteilungen, Zusammenlegungen — von dem neuen Gesetz aufs tiefste beeinflußt. Insofern überschreitet es den Rahmen der Siedlungsgesetzgebung, in den es von der Denkschrift eingefügt wird.

Das neue Organisations- und Verfahrensgesetz hat in kürzester Frist das verwirklicht, was seit fast zwei Jahrzehnten den Gegenstand immer erneuter Erwägungen und gesetzgeberischer Anläufe gebildet hat, ohne seine Verwirklichung finden zu können. Der innere Wert des Gesetzes soll hier keiner näheren Beurteilung unterzogen werden. Nicht unerwähnt bleiben darf jedoch, daß es einen alten, oft gerügten Fehler der Auseinandersetzungsgesetzgebung darin wiederholt, daß es in Novellenform erscheint. Die Erklärung dafür darf wohl in der Eile gesucht werden, deren das Gesetz nach der Auffassung der maßgebenden Stelle bedurfte. Die Nachteile der Novellenform werden dadurch nicht vermindert. Das Gesetz pfropft das Reiß neuer Gedanken auf den viel verästelten und schon für sich allein sehr unübersichtlichen Stamm der alten Gesetzgebung auf und macht die Unübersichtlichkeit noch schlimmer. Für sich allein ist es in vieler Beziehung unverständlich. Namentlich bereitet die allgemeine Vorschrift über das „Verfahren" (§ 17) dem Verständnis große Schwierigkeiten, und es wird einige Zeit dauern, bis die Rechtsanwendung ihr gegenüber einen festen Standpunkt gewonnen hat. Durch dieses alles wird die Aufgabe des Erläuterers: durch Anknüpfung des Neuen an das Alte ein deutliches Bild des jetzt geltenden Rechtszustandes zu geben, im höchsten Grade erschwert.

Auf eine restlose Lösung dieser Aufgabe muß der Verfasser eines Erläuterungswerkes von der Art des vorliegenden von vornherein verzichten. Wer sich einer solchen unterziehen wollte, müßte die Verfasserschaft eines dickleibigen Buches auf sich nehmen, wobei es noch zweifelhaft ist, ob sich ein solches auf einen Band beschränken könnte. Was jetzt zunächst nottut, ist eine handliche Ausgabe des Gesetzes nebst den für das Verfahren neu eingeführten Vorschriften des Landesverwaltungsgesetzes, eine Ausgabe, die geeignet ist, als Leitfaden durch das Labyrinth des neuen Rechtszustandes zu dienen. Indem ich eine solche Arbeit der Öffentlichkeit übergebe, hoffe ich, den mit der Anwendung des Gesetzes befaßten Beamten und den vor ihnen Rechtnehmenden einen Dienst zu leisten.

Charlottenburg, September 1919.

W. Holzapfel.

Inhalt.

Abkürzungen.

A. = Anmerkung.
AblG. = Ablösungsgesetz.
AblO. = Ablösungsordnung.
AuLO. = Amts- und Landesordnung für Hohenzollern.
AuseinBeh. (-Verf.) = Auseinandersetzungsbehörde (-verfahren).
AusfG. = Ausführungsgesetz.
Begr. 15 = Seite 15 der Begründung des Entwurfs eines Gesetzes über Landeskulturbehörden (Drucksache Nr. 191 der Verfassunggebenden Preuß. Landesversammlung 1919).
E(LME). = Erlaß (des Ministers für Landwirtschaft, Domänen und Forsten).
G. = Gesetz.
GB. = Grundbuch.
GeschO. = Geschäftsordnung.
GK. = Generalkommission.
GO. = Gemeindeordnung.
GTO. = Gemeinheitsteilungsordnung.
HannVerfG. = Hannoversches Verfahrensgesetz.
HannVerkG. = Hannoversches Verkoppelungsgesetz.
JM. = Minister des Innern.
JustM. = Justizminister.
KA. = Kulturamt.
KonsVerf. = Konsolidationsverfahren.
LGO = Landgemeindeordnung.
LKA. = Landeskulturamt.
LKBeh. = Landeskulturbehörde.
LM = Minister für Landwirtschaft, Domänen und Forsten.
LT. = Landtag.

LVerf. = Verfassunggebende Preußische Landesversammlung.
LVG. = Landesverwaltungsgesetz.
OLKA. = Oberlandeskulturamt.
OLKG. = Oberlandeskulturgericht.
OrgG. = Gesetz über Landeskulturbehörden (Organisationsgesetz).
OTE. **28** 246 = Entscheidungen des ehemaligen Obertribunals (amtliche Samml.) Bd. 28 S. 246.
OVG. **20** 445 = Entscheidungen des Oberverwaltungsgerichts Bd. 20 S. 445.
PräsLKA. = Präsident des Landeskulturamts.
PräsOLKA. = Präsident des Oberlandeskulturamts.
ProvLT. = Provinziallandtag.
ProvO. = Provinzialordnung.
PrVBl. **24** 110 = Preußisches Verwaltungsblatt Jahrg. 24 S 110.
RBG. = Rentenbankgesetz.
RevKoll. = Revisionskollegium für Landeskultursachen.
RG. **10** 346 = Entscheidungen des Reichsgerichts in Zivilsachen Bd. 10 S. 346.
S. 2 (§ 14 S. 2) = Satz 2 (§ 14 Satz 2).
SpK. = Spezialkommissar.
StME. = Staatsministerial-Erlaß.
StV. = Staatsvertrag.
V. = Verordnung.
VKA. = Vorsteher des Kulturamts.
WidvSt. = Wiedereinsetzung in den vorigen Stand.
ZfLKGG. **13** 46 = Zeitschrift für die Landeskulturgesetzgebung Bd. 13 S. 46.
ZusG. = Zusammenlegungsgesetz.

I.

Gesetz über Landeskulturbehörden.[1] [2])

Vom 3. Juni 1919 (GS. S. 101).

[1]) Entwurf des G. und Begründung: Drucks. Nr. 191 der Verfassunggebenden Preuß Landesversammlung 1919; erste Beratung (12. 4. 19): SitzBer. S. 1260—1264; Bericht des (14.) Siedlungsausschusses: Drucksache Nr. 375 A und B; zweite und dritte Beratung (3. 6. 1919): SitzBer. S. 2188—2222.

[2]) Landeskulturbehörden sind die bisherigen Auseinandersetzungsbehörden, also die Generalkommissionen, die Spezialkommissionen und das Oberlandeskulturgericht. Als AuseinBeh. im e. S. bezeichnet man die Generalkommissionen. Solche bestehen z. B. in Königsberg f. d. Prov. Ostpreußen, in Breslau f. d. Prov. Schlesien, Posen und Westpreußen (G. 24. 7. 1909, GS 637), in Frankfurt a. d. O. f. d. Prov. Brandenburg und Pommern, in Merseburg f. d. Prov. Sachsen, in Hannover f. d. Prov. Hannover und Schleswig-Holstein, in Münster f. d. Prov. Westfalen, in Kassel f. d. Prov. Hessen-Nassau, in Düsseldorf f. d. Rheinprovinz (Art. VII G. 28. 5. 1913 GS. 285) und die Hohenzollernschen Lande. Vgl. Glatzel-Sterneberg-Pelzer, Das Verf. in AuseinAngel. (2), S. 15 ff. (§ 3). [Die dort noch nicht berücksichtigten Gesetze sind hier in Klammern angefügt.]

Die Preuß. GK. sind ferner auf Grund von Staatsverträgen in einer Reihe von deutschen Bundesstaaten zuständig, nämlich: die zu Merseburg in Schwarzburg-

Sondershausen (StV. 9. 10. 1854, GS. 571; $\frac{10.}{6.}$ 4. 1912, GS. 1913 S. 41), in Schwarzburg-Rudolstadt (StV. 10. 12. 1855, GS. 1856 S. 6), in S.-Meiningen (StV. 18. 6. 1868, GS. 873; $\frac{4.\ 2.}{31.\ 1.}$ 1911, GS. 178), in Anhalt (StV. 18. 12. 1874, GS. 359), in S.-Koburg-Gotha (StV. 22. 4 1907, GS. 239), in S.-Weimar (StV. 18. 7. 1908, GS. 1912 S. 43); die zu Münster in Schaumburg-Lippe (StV. 20. 10 1872, GS. 1873 S. 18; 27. 4 1874, GS. 245; 28. 3 1912, GS. 130). Die Zuständigkeit der GK. zu Kassel für Waldeck beruht auf G. 25. 1. 1869 (GS. 291) und 14. 12. 1896 (GS. 263). — Die im vorliegenden Gesetz durchgeführte innere Umgestaltung der AuseinBeh.en gilt auch für die nichtpreußischen Zuständigkeitsgebiete. Andererseits haben diese für das Verfahren eigene Gesetze erlassen, die auf die bisherige Einrichtung der Behörden berechnet sind. Es ist deshalb nötig, daß sie ihre Verfahrensgesetze ändern; vgl. auch Art. 11 StV $\frac{10.}{6}$ 4. 1912 (Schwarzburg-Rudolstadt), Art. 10 StV. 18 7. 1908 (Weimar), Art. 11 StV. 28. 3. 1912 (Schaumburg-Lippe) Bis zu ihrer Änderung gelten die bisherigen Vorschriften fort, insbesondere auch hinsichtlich der Zuständigkeit, z. B zur Entscheidung bürgerlicher Rechtsstreitigkeiten (§ 1 Abs. 5). Dagegen gelten hinsichtlich der Verteilung der Geschäfte zwischen KA. und LKA. und hinsichtlich des dienstlichen Verhältnisses zwischen beiden die Vorschriften dieses G. ohne weiteres auch in den nichtpreußischen Zuständigkeitsgebieten. Über die zur Zuständigkeit der AuseinBeh. gehörigen bürgerlichen Rechtsstreitigkeiten entscheidet daher in erster Instanz der VKA, in zweiter Instanz aber nicht etwa der PräsLKA. oder die Spruchkammer, sondern das OLKA.; denn es sind zwar die Geschäfte der GK. grundsätzlich auf den VKA (§ 9; vgl. Begr. 14, 18), nicht aber die des OLKG. (jetzt OLKA.) auf das LKA. übergegangen. Die Übergangsvorschrift § 32 Abs. 2 gilt nur für die in Preußen anhängigen Streitigkeiten; auf nichtpreußische Sachen ist sie nicht anwendbar.

I. Behörden und Zuständigkeit.

§ 1.

(1) Die Spezialkommissionen und die Generalkommissionen führen fortan die Bezeichnung Kulturämter und Landeskulturämter[1]). 1. Auseinandersetzungsbehörden.

(2) Die Geschäfte der Spezialkommissionen und Generalkommissionen werden nach näherer Maßgabe dieses Gesetzes von den Vorstehern der Kulturämter und den Präsidenten der Landeskulturämter als Auseinandersetzungsbehörden[1]) selbständig unter voller persönlicher Verantwortlichkeit erledigt[2]), soweit nicht

1. eine kollegialische Behandlung der Geschäfte[3]) oder eine beschließende Mitwirkung anderer Personen[4]) durch Gesetz vorgeschrieben ist,
2. einige Geschäfte auf die Spruchkammern (Abs. 4) und auf die ordentlichen Gerichte (Abs. 5) übergehen.

(3) Dem Präsidenten des Landeskulturamts wird ein Oberregierungsrat nebst Räten und Hilfsarbeitern beigegeben, die nach seinen Anweisungen die Geschäfte bearbeiten; er wird durch den ihm beigegebenen Oberregierungsrat vertreten. Der Minister für Landwirtschaft, Domänen und Forsten kann in besonderen Fällen eine andere Stellvertretung anordnen.

(4) Zur Entscheidung von Streitigkeiten ist in erster Instanz der Vorsteher des Kulturamts, im Falle des § 23 unter Mitwirkung der Beteiligten, in zweiter Instanz die Spruchkammer (§ 3), in dritter Instanz das Oberlandes-

kulturamt nach näherer Vorschrift dieses Gesetzes zuständig[5]).

(5) Die bisherige Zuständigkeit der Auseinandersetzungsbehörden zur Entscheidung von Streitigkeiten über solche Rechtsverhältnisse, die außerhalb eines Auseinandersetzungsverfahrens Gegenstand eines Rechtsstreites hätten werden können und dann vor die ordentlichen Gerichte gehört hätten, fällt weg[6]).

(6) Kreisvermittlungsbehörden[7]) werden nicht mehr bestellt.

[1]) Die Bezeichnung der bisherigen AuseinBeh. als Landeskulturbehörden (s. G.-Überschrift und § 27) deutet darauf dahin, daß sie neben den Auseinandersetzungsgeschäften noch mit weiteren wichtigen Aufgaben auf dem Gebiet der Landeskultur betraut sind und betraut werden sollen. Dagegen hat die Namensänderung nicht den Sinn, daß ganz neue Behörden geschaffen werden sollen. Vielmehr bestehen unter der neuen Bezeichnung die alten AuseinBeh. fort, und es gelten daher für sie alle bisherigen Vorschriften über die innere Einrichtung, die Beamtenverhältnisse, den Geschäftsgang, das Verfahren und das Verhältnis zu anderen Behörden, insbesondere die Zuständigkeit weiter, soweit sie nicht durch dieses Gesetz geändert werden (Begr. 14). Demgemäß verbleibt namentlich die obere Leitung und Aufsicht dem LM. In der Instanz zwischen dem LM. und dem PräsLKA. steht auch dem Oberpräsidenten ein gewisses Aufsichtsrecht zu (§ 1 II, §§ 4—7, § 11[1] Instr. 31. 12. 1825, GS. 1826 S. 1). Indessen ist dieses Aufsichtsrecht niemals wirksam geworden. — Wegen der dienstlichen Verhältnisse des OLKA., des LKA. und des KA. s. §§ 2, 6, 11, 12.

[2]) Also Ersetzung des bisherigen „Kollegialsystems" beim LKA. durch das „Präfektursystem" (Begr. 12); vgl. § 18 LVG. Der SpK., jetzt VKA., war schon bisher Einzelbeamter. —

Der PräsLKA. behält die Eigenschaft der bisherigen GK. als Provinzialbehörde (Begr. 13).

³) § 15 (Disziplinarsachen).

⁴) § 23 („Mitwirkung" der Vertreter der Teilnehmergesamtheit bei der Entscheidung von Plan- usw. Streitigkeiten).

⁵) §§ 20—27, 30, 31².

⁶) In der Prov. Hannover und bei der Güterkons. im Reg.-Bez. Wiesbaden hat diese Zuständigkeit schon bisher nicht bestanden. S. dagegen §§ 3, 20 V. 20. 6. 1817, § 7 V. 30. 6. 1834, § 66 G. 18. 2. 1880 und hierzu Glatzel-Sterneberg-Pelzer S. 28ff.

Welche Streitigkeiten hiernach auf die ord. Gerichte übergehen, kann (trotz Begr. 14) im einzelnen zweifelhaft sein. Nicht entscheidend ist, ob es sich um Streit über ein bürgerlichrechtliches Verhältnis handelt. Über solche Rechtsverhältnisse ist auch in Zukunft dann von der AuseinBeh. zu entscheiden, wenn sie nur innerhalb eines AuseinVerf. Gegenstand eines Rechtsstreits werden konnten. Dahin gehört z. B. der Streit zwischen Verpächter und Pächter nach §§ 158 bis 162 GTO 7 6. 1821 und den entsprechenden Vorschriften der neueren GT.- und ZusG., sowie nach § 47, § 49 Abs. 2, § 54 Abs. 2, 3 HannVerkG. 30. 6. 1842, wo die Entscheidung hierüber ausdrücklich dem SpK zugewiesen wird. Ferner gehört dahin die Frage, ob ein Plananerkenntnis für den Anerkennenden verbindlich ist oder ob es (wegen Irrtums usw.) angefochten werden kann. Gleiches muß auch von besonderen Vereinbarungen der Teilnehmer über Gegenstände des Auseinandersetzungsplanes, sowie von der (vor Beendigung des Verfahrens angefochtenen) Rezeßvollziehung gelten (über die Anfechtung des bestätigten Rezesses nach Beendigung des Verfahrens s. OTE. **28** 246, **35** 269, **36** 96; JustMBl 1861 S. 205; ZfLKGG. **13** 46, **33** 144; RG. **22** 361, **29** 149; Gruchot **35** 1081). Ferner verbleibt auch der AuseinBeh. die Zuständigkeit zur Entscheidung über die Verbindlichkeit eines Vorvertrages zum Rentengutsrezeß (Rentengutsvertrag i. S. des Art. 12 § 1 Abs. 1 AGBGB; vgl. Holzapfel bei Gruchot 62 731). Das Reichsgericht ist zwar in dieser Beziehung (ohne nähere Begründung) von der Ansicht ausgegangen, daß solche Streitigkeiten unter die Vorschrift § 66 G. 18. 2. 1880 fielen, wonach sie jetzt (nach § 1 Abs. 5 dieses Gesetzes) der AuseinBeh. entzogen sein würden; s. z. B. ZfLKGS. 40 309. Es ist jedoch nicht abzusehen, wie das Rechtsverhältnis aus einem Rentengutsvorvertrage außerhalb eines Rentengutsverfahrens Gegenstand eines Rechtsstreites werden könnte. Schließlich wird man bis zur Beendigung des Rentengutsverfahrens auch den Streit über die Verbindlichkeit der Vollziehung des Rentengutsrezesses vor den Gerichtsstand der AuseinBeh verweisen müssen. In dieser Beziehung ist zwischen Ausein.-Rezeß und Rentenguts-Rezeß kein Unterschied zu machen. Außerhalb des Rentengutsverfahrens kann auch hierüber nicht gestritten werden, da der noch nicht bestätigte Rezeß lediglich im Rentengutsverfahren Rechtswirkungen ausübt, ähnlich dem Vorvertrage. Dagegen gehört die Anfechtung des bestätigten Auseinandandersetzungs- wie Rentenguts-Rezesses vor das ord. Gericht.

[7]) §§ 2—5 V. 30. 6. 1834 (GS. 96). — Kreisverordnete, aus denen sich die Kreisvermittlungsbehörde zusammensetzt, werden also nicht mehr ernannt. Die vorhandenen Kreisverordneten treten wegen § 23 (s. A. 2 dazu) außer Wirksamkeit. Die ihnen in den §§ 2—5 a. a. O zugewiesene Aufgabe der gütlichen Vermittlung von Auseinandersetzungen erfüllen sie tatsächlich längst nicht mehr. Doch können sie noch nach § 9 Abs. 1 G. 7. 7. 1891 (GS. 279) bei der Ablösung von Rentengutsrenten als Schätzer herangezogen werden.

§ 2.

2. Oberlandeskulturamt.

(1) Das Oberlandeskulturgericht führt fortan die Bezeichnung Oberlandeskulturamt und untersteht dem Minister für Landwirtschaft, Domänen und Forsten. Es

hat seinen Sitz in Berlin und besteht aus einem Präsidenten und mindestens fünf[1]) Mitgliedern, die sämtlich die Befähigung als landwirtschaftliche Sachverständige haben müssen[2]). Die Mehrzahl von ihnen muß zum Richteramte befähigt sein[2]). Sie unterliegen dem Gesetz, betreffend die Dienstvergehen der Richter und die unfreiwillige Versetzung derselben auf eine andere Stelle oder in den Ruhestand, vom 7. Mai 1851 (Gesetzsamml. S. 218) und dem Gesetz, betreffend die Abänderung des Gesetzes über die Dienstvergehen der Richter usw., vom 26. März 1856 (Gesetzsamml. S. 201)[3]). Die Mitwirkung des Justizministers bei der Besetzung und Leitung des Oberlandeskulturamtes[4]) fällt weg.

(2) Im Fall eines vorübergehenden Bedürfnisses kann der Minister für Landwirtschaft, Domänen und Forsten das Oberlandeskulturamt durch solche Hilfsarbeiter verstärken, die die für die Mitglieder erforderliche Befähigung besitzen[5]). Diese haben während der Dauer ihrer Zuweisung dieselben Rechte und Pflichten, wie die ordentlichen Mitglieder, dürfen aber bei keiner Entscheidung die Mehrheit des Kollegiums bilden. Von der Teilnahme an der Entscheidung in Disziplinarsachen sind sie ausgeschlossen[6]).

(3) Das Oberlandeskulturamt entscheidet in der Besetzung von wenigstens fünf Richtern mit Einschluß des Vorsitzenden. Die Entscheidungen werden nach Stimmenmehrheit gefaßt; bei Stimmengleichheit gibt die Stimme des Vorsitzenden den Ausschlag[7])[8]).

[1]) Bisher mindestens 8: § 8 V. 22. 11. 1844 (GS. 19).

[2]) Wie bisher; vgl. § 8 Abs. 1 S. 2 V. 22. 11. 1844: „Der Präsident und sämtliche Mitglieder müssen mit der

landwirtschaftlichen Gewerbslehre vertraut und die Mehrzahl derselben muß zum höheren Richteramte qualifiziert sein." Vgl. auch PrVBl. 7 345.

[3]) S. schon § 65[1] G. 7. 5. 1851.

[4]) Vgl. § 8 Abs. 2 V. 22. 11. 1844.

[5]) Wie bisher, nur daß früher der LM. gemeinsam mit dem JustM. verfügte: § 8 Abs. 2 S. 3 V. 22. 11. 1844.

[6]) Die beiden letzten Sätze des Abs. 2 sind neu. Danach genießen die Hilfsarbeiter in der Zeit, für die sie bestellt sind, die gleiche Vorzugsstellung der Richter, wie die planmäßigen Mitglieder des OLKA.; es findet also auf sie das G. 7. 5. 1851 nebst Ergänzungen Anwendung. Die etwas unklaren Worte „dürfen aber bei keiner Entscheidung die Mehrheit des Kollegiums bilden" wollen offenbar besagen: beim Erlaß von Entscheidungen muß das Gericht in seiner Mehrheit mit planmäßigen Mitgliedern besetzt sein; bilden die Hilfsarbeiter die Mehrheit, so wird die erforderliche Zahl (in der umgekehrten Reihenfolge ihrer Ernennung) ausscheiden müssen. Wenn es sich nicht um den Erlaß von Entscheidungen, z. B. um die Erstattung von Gutachten handelt, ist eine solche Besetzung nicht erforderlich. Der Ausschluß der Hilfsarbeiter bei der Erledigung von Disziplinarsachen ist schon im § 19 G. 7. 5. 1851 vorgeschrieben.

[7]) Abs. 3 entspricht dem bisherigen Recht: § 9 V. 22. 11. 1844, § 2 G. 18. 2. 1880.

[8]) Die für das OLKA. erlassene Geschäftsordnung s. unten IV.

§ 3.

3. Spruchkammer. a) Zsammensung u. Beschlußfassng.

(1) Die Spruchkammer besteht aus dem Vorsitzenden oder dessen Stellvertreter, die beide zum Richteramte befähigt sein müssen, und aus sechs gewählten Mitgliedern. Der Vorsitzende und sein Stellvertreter werden vom Staatsministerium aus der Zahl der dem Präsidenten des Landeskulturamts beigegebenen Räte bestellt[1]). Die

Mitglieder und sechs Stellvertreter[2]) für diese werden je zur Hälfte von dem Provinzialausschuß und dem Vorstande der Landwirtschaftskammer unter Berücksichtigung der verschiedenen Besitzgrößen[3]) aus der Zahl der in landwirtschaftlichen Angelegenheiten erfahrenen, zum Provinziallandtage wählbaren Provinzialangehörigen[4]) für die Dauer von sechs Jahren gewählt. Über die Einberufung der Stellvertreter bestimmt die Geschäftsordnung[5]).

(2) Die Spruchkammer ist beschlußfähig, wenn der Vorsitzende oder sein Stellvertreter und vier Mitglieder anwesend sind. Die Beschlüsse werden nach Stimmenmehrheit gefaßt. Bei Stimmengleichheit gibt der dem Lebensalter nach Älteste den Ausschlag[6]).

[1]) Der PräsLKA. ist also vom Vorsitz ausgeschlossen. Dagegen kann der ihm beigegebene Oberregierungsrat mit dem Vorsitz betraut werden.

[2]) Nach LME. 12. 8. 1919 (I B Ib 4707) sollen die Wahlkörperschaften die Reihenfolge bestimmen, in der die Stellvertreter einzuberufen sind; sie können aber die Vertretung auch so regeln, daß jedem ordentlichen Mitgliede sein besonderer Stellvertreter zugeordnet wird. Anders OVG. 22 328 zu § 28 Abs. 3 LVG.

[3]) Es soll also jeder der beiden Wahlkörper drei Mitglieder wählen, von denen je eines dem großen, dem mittleren und dem kleinen Besitz angehört. Vgl. AusschBer. S. 14 ff. Welcher Besitz zu der einen oder zu der anderen Gattung gehört, haben die Wahlkörper zu ermessen (LME. 12. 8. 1919). Ein besonderer Rechtsbehelf zur Anfechtung oder Nachprüfung der Wahl ist nicht vorgesehen.

[4]) Ähnlich: § 28 Abs. 4 LVG. (Wählbarkeit zum Bezirksausschuß). — § 17 ProvO. 29. 6. 1875 (GS. 1881 S. 233) bestimmt:

Wählbar zum Mitgliede des Provinziallandtages ist jeder selbständige Angehörige des deutschen Reichs, welcher das dreißigste Lebensjahr vollendet hat, sich im Besitz der bürgerlichen Ehrenrechte befindet und seit mindestens einem Jahre der Provinz durch Grundbesitz oder Wohnsitz angehört.

Als selbständig gilt derjenige, welchem das Recht, über sein Vermögen zu verfügen und dasselbe zu verwalten, nicht durch gerichtliche Anordnung entzogen ist.

Nach § 18 das. ruht die Wählbarkeit während des Konkurses, während der gerichtlichen Untersuchung wegen einer strafbaren Handlung, die mit gewissen Höchststrafen bedroht ist, und während einer gerichtlich verfügten Haft. Sie geht verloren, wenn eine der Bedingungen des § 17 fortfällt. — Übeinstimmend §§ 14, 15 ProvO. Hessen-Nassau (GS. 1885 S. 246) [wo jedoch nicht die Wählbarkeit zum ProvLT., sondern die zum Kommunal-LT. (§ 86² a. a. O.) entscheidet]; §§ 17, 18 ProvO. Hannover (GS. 1884 S. 342); §§ 17, 18 ProvO. Westfalen (GS. 1886 S. 255); §§ 17, 18 ProvO. Rheinprovinz (GS. 1887 S. 251); §§ 17, 18 ProvO. Schleswig-Holstein (GS. 1888 S. 194). Vgl. ferner für die Prov. Posen: §§ 5—11, 13 ProvO. 27.3.1824 (GS. 141); für Hohenzollern: § 18 AuLO. 2. 4. 1873 (GS. 1900 S. 323), vbd. § 11 GO. 2. 7. 1900 (GS. 189).

Die Bestimmungen der ProvO. gelten jedoch z. Z. nur noch in den Prov. Westpreußen, Posen, Schlesien, Hessen-Nassau, der Rheinprovinz und in den Hohenzollernschen Landen: § 10 G. 16. 7. 1919. In den übrigen Provinzen gilt jetzt § 3 a. a. O.:

Wählbar zu Mitgliedern des Provinzial- (Kommunal-) Landtags und des Provinzial- (Landes-) Ausschusses sind alle im Besitze der deutschen Reichsangehörigkeit und der bürgerlichen Ehrenrechte befindlichen, weder entmündigten noch unter vorläufiger Vormundschaft stehenden Männer und Frauen, welche am Tage der Wahl das 20. Lebensjahr vollendet haben und seit mindestens 6 Monaten ihren Wohnsitz in der Provinz (dem Bezirksverband) haben.

Vorschriften der Provinzialordnungen, nach denen die Wählbarkeit in gewissen Fällen ruht, werden aufgehoben.

Danach können auch Frauen Mitglieder der Spruchkammer sein.

In der Prov. Hessen-Nassau, wo z. Z. noch kein Prov.-Ausschuß besteht, werden die Mitglieder vom ProvLT. gewählt. Tritt dieser jedoch bis zum 1. 11. 1919 nicht zusammen, so erfolgt erstmalig ihre Ernennung durch den Oberpräsidenten nach Anhörung der beiden Landesausschüsse: LME. 12. 8. 1919.

Ist ein LKA. für mehrere Provinzen zuständig (s. A. 2 zur Überschrift des G.), so ist nicht etwa für jede Provinz eine besondere Spruchkammer zu bilden. Die Wahlen sind in diesem Falle von demjenigen ProvAussch. zu vollziehen, in dessen Bezirk sich der Sitz des LKA. befindet. Entsprechendes gilt, wenn ein LKA. für mehrere Landwirtschaftskammerbezirke zuständig ist: LME. 12. 8. 1919 (A. 2). Dem Erfordernis der Provinzialangehörigkeit ist genügt, wenn der zu Wählende irgendeiner der in Betracht kommenden Provinzen angehört. Doch werden die Mitglieder auf die verschiedenen Provinzen angemessen zu verteilen sein.

Bei der Auswahl sollen die Wahlkörperschaften nicht nur auf landwirtschaftliche Erfahrung, sondern auch auf die zum Amt eines Mitgliedes der Spruchkammer erforderliche Allgemeinbildung sehen: LME. 12. 8. 1919.

[5]) Vgl. § 4 GeschO. f. d. Spruchk.

[6]) Also nicht der Vorsitzende, wie nach § 2 Abs. 3 und früher (bei der GK.) nach § 4 AusfG. 7. 6. 1821 (GS. 83).

§ 4.

b) Verhältnisse der gewählten Mitglieder. Verlust der Wählbarkeit.

Die Wahl (§ 3 Abs. 1) verliert ihre Wirkung mit dem Aufhören einer Bedingung der Wählbarkeit [1]. Der Vorstand der Landwirtschaftskammer beziehungsweise der Provinzialausschuß beschließt darüber, ob dieser Fall eingetreten ist. Gegen den Beschluß findet innerhalb zwei Wochen die Klage beim Oberverwaltungsgerichte statt. Die Klage steht auch dem Vorstande der Landwirtschaftskammer beziehungsweise dem Vorsitzenden des Provinzialausschusses zu. Sie hat keine aufschiebende Wirkung. Ersatzwahlen dürfen vor der endgültigen Entscheidung nicht stattfinden [2].

[1] A. 4 zu § 3.

[2] Ähnlich: § 11 Abs. 2 LVG.

§ 5.

Amtsdauer

(1) Alle zwei Jahre scheidet ein Drittel der Mitglieder und Stellvertreter aus und wird durch neue Wahlen ersetzt. Die Ausscheidenden bleiben jedoch in allen Fällen bis zur Einführung der Neugewählten in Tätigkeit. Die nach den ersten zwei beziehungsweise vier Jahren Ausscheidenden werden durch das Los bestimmt [1]. Die Ausscheidenden sind wieder wählbar.

(2) Für die im Laufe der Wahlzeit ausscheidenden Mitglieder und Stellvertreter sind Ersatzmänner zu wählen [2]; diese bleiben nur bis zum Ende desjenigen Zeitraums in Tätigkeit, für welchen die Ausgeschiedenen gewählt waren

[1] Das Los soll nach LME. 12. 8. 1919 (A. 2 zu § 3) sogleich bei der Wahl, also durch die Wahlkörperschaft gezogen werden. — Nach demselben E. haben die Wahlkörperschaften das Ergebnis der Wahl dem PräsLKA. mitzuteilen, der seiner-

seits dem LM. unter Angabe von Namen, Beruf und Wohnort der Gewählten zu berichten hat.

[2]) § 4 S. 5: Ersatzwahl.

§ 6.

Vereidigung und Disziplin.

(1) Die Mitglieder und ihre Stellvertreter werden durch den Vorsitzenden der Spruchkammer vereidigt. Sie unterliegen in dieser ihrer Eigenschaft den Vorschriften des Gesetzes, betreffend die Dienstvergehen der Richter usw., vom 7. Mai 1851 (Gesetzsamml. S. 218) und des Gesetzes, betreffend die Abänderung des Gesetzes über die Dienstvergehen der Richter usw., vom 26. März 1856 (Gesetzsamml. S. 201).

(2) Disziplinargericht ist das Oberlandeskulturamt [1]); der Präsident ernennt den Vertreter der Staatsanwaltschaft [2]).

[1]) Wie seither für die richterlichen Mitglieder der KG.: § 66 Abs. 2 vbd. § 18[3] G. 7. 5 1851.

[2]) § 69 G. 7 5. 1851.

§ 7.

Entschädigung.

(1) Die Mitglieder und deren Stellvertreter erhalten Tagegelder und Reisekosten nach den für Staatsbeamte der vierten Rangklasse bestehenden gesetzlichen Vorschriften [1]).

(2) Alle Einnahmen der Spruchkammer fließen zur Staatskasse; dieser fallen auch alle Ausgaben zur Last.

[1]) G. 26. 7. 1910 (GS. 150) und hierzu StME 24. 9. 1910 (GS. 269). Die in geringerer Entfernung als 2 km vom Sitze des LKA. Wohnenden erhalten eine Pauschvergütung von 12 M. für den Tag: § 5 GeschO. f. d. Spruchk.

§ 8.

4. Kulturamt. a) Errichtung.

Der Minister für Landwirtschaft, Domänen und Forsten errichtet die Kulturämter für örtlich abgegrenzte

Bezirke[1]); er bestimmt ihren Sitz und ernennt ihren Vorsteher[2]).

[1]) Anders die Bezirke der bisherigen SpK.: § 56 V. 30. 6. 1817 (GS. 161); vgl. aber § 45 WestfAnerben=G. 2. 7. 1898 (GS. 139) und dazu LMC. 3. 8. 1898 zu VII. — Die Abgrenzung ist nicht unabänderlich, sie kann bei eintretendem Bedürfnis vom LM. geändert werden (Begr. 15). — Ausnahme von § 8: § 10.

[2]) Ohne bei der Auswahl an bestimmte gesetzliche Vorschriften gebunden zu sein. (Erklär. des LM. im 14. Ausschuß s. AusschBer. S. 6).

§ 9.

b) Sachliche Zuständigkeit.

Der Vorsteher des Kulturamts bearbeitet alle Geschäfte, soweit sie nicht durch dieses Gesetz anderen Behörden übertragen werden[1]). An ihn sind alle Anträge in diesen Angelegenheiten zu richten[2]).

[1]) Der VKA. ist also in demselben engeren Sinne Auseinoder LandeskulturBeh., wie früher die GK. (A. 2 zur Überschr. des G.). Seine Zuständigkeit erstreckt sich auf alle Gegenstände, die überhaupt zur Zuständigkeit der LKBeh. gehören, und innerhalb dieser Zuständigkeit hat er alle der LKBeh. obliegenden Geschäfte zu erledigen, mit alleiniger Ausnahme derjenigen, die dieses Gesetz anderen Stellen überweist.

Hiernach gehören zur Zuständigkeit des VKA. (vgl. auch Begr. 15, 21):

a) Die Durchführung der Reallastablösungen einschließlich der Rezeßbestätigung, der Übernahme der Renten auf die Rentenbank und der Grundbuchberichtigung (Begr. 20), jedoch mit den Einschränkungen § 16 II [2]. Wegen der Reallastablösungen in der Prov. Hannover s. § 31 [2] und A. dazu.

b) Die Durchführung der Gemeinheitsteilungen, Dienstbarkeitsablösungen und Umlegungen, jedoch mit den Einschränkungen § 16 II [6 8] (Rezeßbestätigung und Festsetzung des Kostenpauschsatzes) und § 31 [1].

c) Die Durchführung der *Rentengutssachen* (§ 12 G 7. 7. 1891), sowie die Aufsicht über die Rentengüter nach §§ 3, 4 G. 27. 6. 1890, § 4 G. 7. 7. 1891, §§ 5, 6 G. 26. 4. 1886 (GS. 131), jedoch mit den Einschränkungen § 16 II [1 2 3 6 8].

d) Die Durchführung der Auseinandersetzungen wegen des *Schulzendienstlandes* (§§ 98—101, 86 Abs. 2, LGO. 3. 7. 1891), jedoch mit der Einschränkung § 16 [6].

e) Die der AuseinBeh. durch G. 2. 4. 1887, betr. die *durch ein AuseinVerf.* begründeten *gemeinschaftlichen Angelegenheiten*, überwiesenen Geschäfte, jedoch mit den Einschränkungen § 16 II [11].

f) Die Ausstellung der *Unschädlichkeitszeugnisse*, jedoch mit der Einschränkung § 16 II [9].

g) Die Durchführung des *Verwendungsverfahrens*, jedoch mit der Einschränkung § 16 II [10 11].

h) Die Festsetzung der *Normalpreise* und *Normalmarktorte* nach § 67 Abl. G. 2. 3. 1850 (vgl. § 2 G. 19. 3. 1860, GS. 98; G. 11. 6. 1873, GS. 356); hierzu unten A. 1 zu § 121 LVG.

i) Die Regelung nach §§ 14—26, 28. 29, G. 13. 5. 1879 (GS. 367) über die *Landeskulturrentenbanken*, jedoch mit den Einschränkungen § 16 [7].

k) Die der AuseinBeh. (GK.) in *Anerbengutssachen* (G. 8. 6. 1896, GS. 124) überwiesenen Geschäfte, jedoch mit den Einschränkungen § 16 II [4 5]. Im Gebiet des Westf. AnerbenG. 2. 7. 1898 (GS. 139), tritt der VKA. an die Stelle des SpK. S. A. 2 zu § 121 LVG.

l) Das Ersuchen um Eintragung in die *Landgüterrolle* (*Höferolle*) nach G. 11. 7. 1891 (GS. 303).

m) Die der GK. bei der *Aufhebung gewerblicher Berechtigungen* zugewiesenen Geschäfte (§§ 2—4 G. 11. 3. 1850, GS. 146; § 50 G. 17. 3. 1868, GS. 249; §§ 2, 5 G. 17. 12. 1872, GS. 717, vbd. § 50 G. 17. 3. 1868).

n) Die Entscheidung über **Teilung gemeinschaftlicher Holzungen** nach § 6 G. 14. 3. 1881 (GS. 261).

o) Die (inzwischen durchgeführte) **Auflösung der Tertialverhältnisse** im Reg. Bez. Stralsund nach G. 25. 7. 1911 (GS. 163).

p) Die **Verteilung der Reallasten im Falle der Zerstückelung des belasteten Grundstücks** (Holzapfel, das GBRecht, S. 268 ff.).

q) Die **Regelung der Koppelfischerei** in der Prov. Hannover (§§ 19—24 G. 26. 6. 1897 GS. 196) und im Reg. Bez. Kassel (§§ 1—6 G. 19. 5. 1908 GS. 133); vgl. § 31 Abs. 3, § 133 [12 13] FischG. 11. 5. 1916 (GS. 55).

r) In **Ansiedlungssachen** nach G. 10. 8. 1904 (GS. 227) behält der PräsLKA. die der GK. zugewiesenen Befugnisse (§ 16 I c), der VKA. die bisher dem SpK. obliegenden Geschäfte: Art. III § 18 G. 10. 8. 1904. Dagegen geht die Zuständigkeit zur Erteilung der AnsiedlGenehmigung nach G. 4. 7. 1887 (GS. 324) [Hannover], 13. 6. 1888 (GS. 243) [Schleswig-Holstein], 11. 6. 1890 (GS. 173) [Hessen-Nassau] auf den VKA. über; s. A. 3 zu § 16.

s) Bei der **Bildung von Wassergenossenschaften** im Falle des § 274 WassG. trat die GK. an die Stelle des Reg Präs. Jetzt tritt der VKA an seine Stelle. Übernimmt der VKA. die Geschäfte des Kommissars (§ 251 Abs. 2 WassG.), was die Regel bilden wird, so hat er gleichwohl die Entscheidungen nach § 251 Abs. 1, § 260 Abs. 2, § 272 Abs. 3 zu treffen; er ist auch zur Einlegung der Beschwerde im Falle des § 270 Abs. 2 zuständig. Dagegen entscheidet über Beschwerden gegen die Leitung des Verfahrens des VKA. (§ 278 Abs. 1 a. a. O.) endgültig der PräsLKA.: § 125 LVG.

t) **Rechtshilfeersuchen** (vgl. OVG. 20 445; Bierhaus i. VerwArch. 11 225) erläßt er und erledigt er, wenn sie an ihn gerichtet sind, selbständig.

u) Die **Sitzungspolizei** handhabt er in vollem Umfange, also ohne die Beschränkung des § 101 Abs. 2 G.

18. 2. 1880. Vgl. §§ 178—181, 184 GVG. vbd. § 101 Abs. 1 G. 18. 2. 1880, sowie unten § 26.

v) Wegen des Kostenwesens s. 29.

w) Wegen der Zwangsvollstreckung s. § 28.

[2]) Auch die nicht von im selbst zu erledigenden Anträge usw., die er an die zuständige Stelle weiter zu geben hat (Begr. 16). — Wegen der Einlegung von Rechtsmitteln beim KBA. s. § 122 LVG.

§ 10.

c) Auftragsweise Führung der Geschäfte. Ödlandssachen.

(1) Der Präsident des Landeskulturamts kann die Bearbeitung einfacher Geschäfte oder einzelner Teile von solchen[1]) einem anderen Staatsbeamten oder einem Gemeindebeamten mit Zustimmung des Vorgesetzten dieses Beamten übertragen[2]). Diese Beamten haben bei der Bearbeitung der ihnen übertragenen Geschäfte gleiche Rechte und Pflichten wie der Vorsteher des Kulturamts.

(2) Der Präsident des Landeskulturamts kann den örtlich zuständigen oder den Vorsteher eines anderen Kulturamts mit der Führung von Verhandlungen beauftragen, die den Erwerb von Moor- oder anderen Ödländereien für den Staat sowie für Körperschaften, Stiftungen und Anstalten des öffentlichen Rechtes zum Zwecke der Bodenverbesserung oder Aufforstung zum Gegenstande haben. In diesem Falle stehen die von dem Vorsteher des Kulturamts zur Erledigung seines Auftrags aufgenommenen Verhandlungen den gerichtlichen Urkunden gleich, wenn sie in der für Verhandlungen in Auseinandersetzungsangelegenheiten vorgeschriebenen Form aufgenommen und als Ödlandssachen bezeichnet werden[3]).

[1]) Gemeint sind: einfache Sachen (Auseinandersetzungen usw.) und einzelne zu einer Sache gehörige Geschäfte, z. B. die Aufnahme einer Verhandlung, des Rezesses u. ä.

[2]) Früher § 19 V. 30. 6. 1834; § 108 Abl. G. 2. 3. 1850 vbd. Art. 15 ErgG. 2. 3. 1850 (GS. 139); § 3 G. 17. 1. 1883 (GS. 7); § 2 G. 21. 3. 1887 (GS. 61). Daneben bleibt § 28 V. 20. 6. 1817 (Beauftragung von Mitgliedern [der GenKom. jetzt] des LKA.) in Kraft. — Eine Verpflichtung zur Übernahme des Auftrages besteht für Beamte, die dem PräsLKA. nicht untergeordnet sind, nicht (AusschBer. S. 20).

[3]) Vgl. § 55 V. 20. 6. 1817, der auf Ödlandssachen nicht anwendbar ist (Begr. 16). — Notwendigkeit der Unterschrift durch die Beteiligten (abweichend von der Regel): § 18. Im übrigen gelten die §§ 17—20 G. 18. 2. 1880 (GS. 1899 S. 403). — Als öffentliche Urkunden (§ 29 GBO.) können die Verhandlungen als Unterlage für die Eintragung im GB. dienen. Zur Entgegennahme der Auflassung (§ 925 BGB.) ist der Beauftragte jedoch nicht berechtigt. Die Bezeichnung der Verhandlungen als „Ödlandssachen" ist mit dem JustM. vereinbart, „um für den GBRichter von vornherein zu notifizieren (!), daß sie die Zuständigkeit für den nachgenannten Beamten gewährleisten" (AusschBer. S. 21).

§ 11.

d) Dienstliche Verhältnisse des LKA.

(1) Der Präsident des Landeskulturamts ist Dienstvorgesetzter des Vorstehers des Kulturamts und der diesem beigegebenen Beamten[1]).

(2) Der Vorsteher des Kulturamts ist Dienstvorgesetzter der sämtlichen ihm beigegebenen Beamten. Disziplinare Befugnisse gegenüber den ihm beigegebenen höheren Beamten und den Vermessungsbeamten stehen dem Vorsteher des Kulturamts nicht zu[2]).

(3) Ist die Leitung der vermessungs- und kulturtechnischen Arbeiten einem Vermessungsbeamten übertragen, so ist er Dienstvorgesetzter der dem Kulturamt[3]) zur Ausführung dieser Arbeiten beigegebenen Beamten[4]). Disziplinarbefugnisse stehen ihm nicht zu[5]).

[1]) Büro- und Kanzleibeamte, Meliorationstechniker, Vermessungsbeamte, Assessoren, Meliorationsbaubeamte (Begr. 17).

[2]) Wohl aber gegenüber den übrigen ihm beigegebenen Beamten (§§ 18—20 G. 21. 7. 1852 GS. 465). Die höheren und die Vermessungsbeamten unterliegen der Disziplinargewalt des PräsLKA. (Abs. 1). Wegen der VermessBeamten s. auch JME. 2. 4. 1841 (MBl. 127) und LME. 24. 10. 1891 I 14983. — Disziplinargericht erster Instanz (§ 24[2] G. 21. 7. 1852) ist die Vollversammlung des LKA.: § 15.

[3]) Gemeint ist der BKA.

[4]) Die VermessBeamten unterstanden schon bisher einem Oberlandmesser, der die Aufsicht in dem gemeinschaftlichen Landmesserbüro ausübte und auch regelmäßig mit der Stellvertretung des SpK. beauftragt wurde: LME. 28. 1. 1893 I 1237 (Glatzel-Sterneberg-Pelzer S. 673).

[5]) Die dienstlichen Verhältnisse der Beamten des KA. im übrigen regelt der LM. (Begr. 17).

§ 12.

Der Vorsteher des Kulturamts hat den geschäftlichen Aufträgen und Anweisungen der ihm im Instanzenzuge vorgesetzten Behörden[1]) Folge zu leisten, unbeschadet seiner Unabhängigkeit bei Fassung der Beschlüsse in den Fällen der §§ 20 bis 23[2]). e) Anweisungen der Vorgesetzten.

[1]) Spruchkammer (§ 24), PräsLKA. (§ 10; vgl. auch § 50 LVG.), OLKA. (§ 25), LM. Die Anweisungsbefugnis der Spruchkammer und das OLKA. beschränkt sich aber auf die Sachen, die an diese Spruchbehörden gelangen, und innerhalb dieser Sachen auf solche Anordnungen, zu denen der übergeordnete Richter gegenüber dem nachgeordneten befugt ist; s. A. 2.

[2]) § 21 Abs. 1 S. 2. — Über die Grenzen des Anweisungsrechts s. § 50 LVG. und A. 4 dazu. — Wenn die höhere Instanz — Spruchkammer oder OLKA. — eine Entscheidung auf-

hebt und die Sache zur anderweiten Entscheidung an den VKA. zurückverweist, kann sie sich über die bei der weiteren Verhandlung und Entscheidung zu beachtenden Grundsätze äußern. In diesem Falle ist der VKA. an die ihm in der Zurückverweisungsentscheidung gegebene Anweisung ebenfalls gebunden, aber auch hier nur insoweit, als er nicht mit richterlicher Unabhängigkeit entscheidet. Eine dem § 565 Abs. 2 ZPO. entsprechende Vorschrift gilt nicht.

§ 13.

5. Örtliche Zuständigkeit der LKBeh.

(1) Für die Erledigung der Geschäfte ist, unbeschadet der Vorschrift des § 10, das Kulturamt und das Landeskulturamt[1]) zuständig, in deren Bezirke die von den Geschäften betroffenen Grundstücke liegen[2]).

(2) Bei dem die Aufhebung einer Dienstbarkeit oder einer Reallast betreffenden Verfahren ist die Lage des belasteten Grundstücks entscheidend[3]).

(3) Liegen die Grundstücke in mehreren Bezirken, oder ist es zweifelhaft, zu welchem Bezirke sie gehören, so wird das zuständige Kulturamt durch den Präsidenten des Landeskulturamts, das zuständige Landeskulturamt durch den Minister für Landwirtschaft, Domänen und Forsten bestimmt[4]).

(4) Ist im Sinne dieser Vorschriften eine Behörde für zuständig erklärt, so finden auf ihr Verfahren diejenigen Vorschriften Anwendung, welche für die übrigen zu ihrer Zuständigkeit gehörigen gleichartigen Geschäfte gelten[5]).

[1]) Auch die Spruchkammer (Begr. 17). — Verweisung an ein nach § 12 nicht zuständiges KA. oder eine nicht zuständige Spruchkammer im Falle der Aufhebung der angefochtenen Entscheidung durch die Spruchkammer oder das OLKA. (§§ 24, 25) ist nicht zulässig. Vgl. jedoch § 62 Abs. 3 LVG. u. A. 4 dazu.

²) Vgl. § 57 Abs. 2 LVG., § 24 ZPO.
³) § 24 Abs. 2 ZPO.
⁴) Auch die zuständige Spruchkammer. — Vgl. § 3 G. 18. 2. 1880, § 32 G. 17. 1. 1883 (GS. 7), § 34 G 21. 3. 1887 (GS. 61), § 58 LVG.
⁵) Vgl. § 32 Abs. 2 G. 17. 1. 1883, § 34 Abs 2 G. 21. 3. 1887. Wird z. B. ein KA. im Reg.-Bez. Wiesbaden zur Durchführung einer Umlegung für zuständig erklärt, so finden die Vorschriften über die Güterkonsolidation Anwendung. — Die Vorschriften, die die für zuständig erklärte Behörde anzuwenden hat, sind nicht nur solche über den äußeren Gang des Verfahrens und die durch das Verfahren herbeigeführten Rechtswirkungen. Vielmehr finden die Vorschriften über die zu ihrer Zuständigkeit gehörigen gleichartigen Geschäfte im vollen Umfange Anwendung, also auch die über das sog. „materielle" Auseinandersetzungsrecht. In dem angeführten Beispiel würde daher das KA. die Umlegung ganz nach den Vorschriften über Güterkonsolidation durchzuführen haben. (In dem Fall, wo die Grenzen der Bezirke zweifelhaft sind und die Bestimmung des zuständigen KA. aus diesem Grunde erfolgt, versteht sich dies von selbst. In dem anderen Falle — Lage der Grundstücke in mehreren Bezirken — kann aber nichts anderes gelten. AM. Holzapfel, die GesGeb. über Güterkons. [2] S. 131.)

§ 14.

(1) Landespolizeiliche¹) und ortspolizeiliche²) Befugnisse stehen dem Vorsteher eines Kulturamts nicht zu. 6 Landes- und Ortspolizei.

(2) Das seitherige Oberaufsichtsrecht der Auseinandersetzungsbehörden über das Vermögen der bei einer Auseinandersetzung beteiligten Körperschaften und öffentlichen Anstalten³) fällt weg.

¹) Wohl aber dem PräsLKA. Vgl. § 1 Abs. 2, § 4⁷, § 43, § 146⁴ V. 20. 6. 1817, § 11 V. 30. 6. 1834. Der

VKA. kann daher die Verhältnisse der öffentlichen Wege (ZfLKGG. 31 383, 34 165; OVG. 21 273) nicht selbständig regeln, ebensowenig die Gemeindegrenzen ändern (ZfLKGG. 40 152). Hierzu ist nur der PräsLKA. befugt, dessen Entscheidung der VKA. daher in jedem Falle einzuholen hat.

²) Solche haben der AuseinBeh. schon bisher nicht zugestanden (Begr. 17). Auch wasserpolizeiliche Befugnisse besaß sie nach dem WassG. 7. 4. 1913 nicht.

³) Vgl. § 4²; §§ 17, 18, 44 V. 20. 6. 1817; § 11 Abs. 1 V. 30. 6. 1834; andererseits auch schon: § 11 AblG. 27. 4. 1872 (GS. 417).

§ 15.

7. Disziplinarsachen. Die in dem Gesetze, betreffend die Dienstvergehen der nicht richterlichen Beamten, die Versetzung derselben auf eine andere Stelle oder in den Ruhestand, vom 21. Juli 1852 (Gesetzsamml. S. 465) [1]) der Generalkommission übertragenen Geschäfte [2]) werden bezüglich des auf Entfernung aus dem Amte gerichteten förmlichen Disziplinarverfahrens [3]) in einer bei dem Landeskulturamt abzuhaltenden Plenarsitzung erledigt. An dieser nehmen die planmäßigen Mitglieder und diejenigen teil, welche eine planmäßige Stelle versehen [4]); mindestens drei stimmberechtigte Mitglieder müssen teilnehmen [5]).

¹) Das jetzt auf alle Beamten des KA. und des LKA., auch den Vorsitzenden der Spruchkammer, Anwendung findet: § 32 Abs. 1. Anders bei den gewählten Mitgliedern der Spruchkammer: § 6.

²) § 24³ a. a. O.: die GK. entscheidende Disziplinarbehörde erster Instanz für die bei ihr angestellten oder ihr untergeordneten Beamten außer für diejenigen, zu deren Anstellung eine vom König oder von den Ministern ausgehende Ernennung, Bestätigung oder Genehmigung erforderlich ist. Wegen der Landmesser s. auch noch § 26 und

den auf Grund des § 26 ergangenen StME. 16. 3. 1854 (MBl. 75).

[3]) Also nicht im Fall der Verhängung von Ordnungsstrafen (§§ 14, 15 a. a. O.), auch nicht im Falle der Entziehung des Diensteinkommens wegen unerlaubter Entfernung vom Amte (§§ 8, 10 a. a. O.). Diese Maßnahme trifft der Vorsteher der Behörde (VKA. oder PräsLKA.) selbständig (§§ 10, 18, 19, vgl. aber auch § 10 S. 2, § 19 Abs. 2, 5, 6 a. a. O.).

[4]) Also „Hilfsarbeiter mit vollem Stimmrecht", nicht aber Vermessungsinspektoren (LME. 22. 3. 1883[1] bei Glatzel-Sterneberg-Peltzer S. 23) und Meliorationsbaubeamte (LME. 4. 11. 1896 I C 7977[1], das. S. 25).

[5]) Ähnlich wie § 15: § 31 G. 21. 7. 1852. Im Falle des § 15 entscheidet also das LKA. ausnahmsweise als Kollegialbehörde und zwar, wie sich von selbst versteht, mit richterlicher Unabhängigkeit.

§ 16.

(1) Dem Präsidenten des Landeskulturamts werden übertragen: 8. Zuständigkeit des PräsLKA.

I. die Geschäfte, die in

a) dem Gesetze, betreffend die Konflikte bei gerichtlichen Verfolgungen wegen Amts- und Diensthandlungen, vom 13. Februar 1854 (Gesetzsamml. S. 86)[1]),

b) der Verordnung, betreffend die Kompetenzkonflikte zwischen den Gerichten und den Verwaltungsbehörden, vom 1. August 1879 (Gesetzsamml. S. 573) in der Fassung des Gesetzes vom 22. Mai 1902 (Gesetzsamml. S. 145)[2]),

c) dem Gesetze, betreffend die Gründung neuer Ansiedlungen in den Provinzen Ostpreußen, Westpreußen, Brandenburg, Pommern, Posen, Schlesien,

Sachsen und Westfalen, vom 10. August 1904 (Gesetzsamml. S. 227)[3])

der Generalkommission übertragen sind;

II. folgende Einzelentscheidungen[4]):

1. die Genehmigung zur Einleitung und Einstellung[5]) des Verfahrens zur Begründung von Rentengütern, insoweit das Rentengut durch Vermittlung des Vorstehers des Kulturamts begründet wird (§ 12 des Gesetzes, betreffend die Beförderung der Errichtung von Rentengütern, vom 7. Juli 1891, Gesetzsamml. S. 279). In einfacheren Sachen[6]) kann der Präsident des Landeskulturamts den Vorsteher des Kulturamts ermächtigen, das Verfahren selbständig einzuleiten und einzustellen;
2. die Genehmigung zur Ablösung der auf Rentengütern haftenden Renten durch Vermittlung der Rentenbank[7]) sowie zur Gewährung von Darlehen zur erstmaligen Errichtung eines Rentenguts durch Aufführung der notwendigen Wohn- und Wirtschaftsgebäude (§§ 1 ff. des Gesetzes, betreffend die Beförderung der Errichtung von Rentengütern, vom 7. Juli 1891, Gesetzsamml. S. 279);
3. die Genehmigung zur Aufhebung der wirtschaftlichen Selbständigkeit, zur Zerteilung eines Rentenguts und zur Abveräußerung von Teilen eines solchen gemäß § 4, sowie zur Kapitalablösung[8]) gemäß § 6 Nr. 4 des Gesetzes, betreffend die Beförderung der Errichtung von Rentengütern, vom 7. Juli 1891 (Gesetzsamml. S. 279);
4. die Genehmigung zur Aufhebung der wirtschaftlichen Selbständigkeit, zur Zerteilung eines An-

erbenguts und zur Abveräußerung von Teilen eines solchen gemäß §§ 7, 8 des Gesetzes, betreffend das Anerbenrecht bei Renten- und Ansiedlungsgütern, vom 8. Juni 1896 (Gesetzsamml. S. 124);

5. die Genehmigung zur Übernahme der Erbabfindungsrente auf die Rentenbank bei der ein Anerbengut betreffenden Erbteilung (§§ 22 ff. des Gesetzes, betreffend das Anerbenrecht bei Renten- und Ansiedlungsgütern, vom 8. Juni 1896, Gesetzsamml. S. 124);

6. die Bestätigung der Rezesse in Gemeinheitsteilungs-, Umlegungs- (Spezialseparations-, Zusammenlegungs-, Verkoppelungs-, Konsolidations-) und Schulzendienstlandssachen, sowie bei der Ablösung von Dienstbarkeiten [9]), auch wenn sie ohne Vermittlung einer öffentlichen Behörde abgeschlossen sind [10]), ferner die Bestätigung der Verträge über die Begründung von Rentengütern durch Vermittlung des Vorstehers des Kulturamts (§ 12 des Gesetzes, betreffend die Beförderung der Errichtung von Rentengütern, vom 7. Juli 1891, Gesetzsamml. S. 279) [11]).

An der Befugnis der Regierungen und Provinzialschulkollegien zur Bestätigung der hinsichtlich ihrer eigenen Güterverwaltungen aufgenommenen Rezesse wird nichts geändert [12]);

7. die Genehmigung zur Gewährung des Vorzugsrechts für Landeskulturrenten, zur Eintragung der Rente ohne die Einwilligung der Lehns- und Fideikommißfolger und der Agnaten [13]) sowie zur Bestimmung des im § 16 Abs. 1 des Gesetzes, betreffend die Errichtung von Landeskulturrenten-

banken, vom 13. Mai 1879 (Gesetzsamml. S. 367) bezeichneten Sachverständigen;

8. die Genehmigung zur Festsetzung des Regulierungskostenpauschsatzes gemäß § 2 Nr. 2, 3 und § 3 des Gesetzes über das Kostenwesen in Auseinandersetzungssachen vom 24. Juni 1875 (Gesetzsamml. S. 395) und gemäß § 12 Abs. 4 Nr. 3 des Gesetzes, betreffend die Beförderung der Errichtung von Rentengütern, vom 7. Juli 1891 (Gesetzsamml. S. 279)[14]);
9. die Genehmigung zur Ausstellung von Unschädlichkeitszeugnissen[15]), soweit es sich um Werte über 600 Mark[16]) handelt;
10. die Genehmigung zur Regulierung der Verwendung der in einem Zusammenlegungs-, Gemeinheitsteilungs-, Ablösungs- oder Enteignungsverfahren oder bei Ausstellung eines Unschädlichkeitszeugnisses festgestellten Geldentschädigungen, soweit der zu verwendende Betrag 600 Mark übersteigt[17]);
11. die Genehmigung zur Verfügung über die Substanz[18]), zur Regulierung der Verwendung und zur Verteilung einer Geldentschädigung[19]) von mehr als 600 Mark im Falle der §§ 4, 5 des Gesetzes, betreffend die durch ein Auseinandersetzungsverfahren begründeten gemeinschaftlichen Angelegenheiten, vom 2. April 1887 (Gesetzsamml. S. 105).

(2) Die erforderliche Entscheidung des Präsidenten des Landeskulturamts hat der Vorsteher des Kulturamts einzuholen[20]). In den Fällen der Nr. 9 bis 11 ist die Verfügung des Vorstehers des Kulturamts, wenn sie die Be-

scheinigung enthält, daß der Wert des Gegenstandes nicht mehr als 600 Mark beträgt, nicht deshalb unwirksam, weil die Genehmigung des Präsidenten des Landeskulturamts nicht eingeholt worden ist[21]).

[1]) Erhebung des Konflikts: § 1 a. a. O. — Verfahren: §§ 4 ff. G. 8. 4. 1847 (GS. 170) vbd. § 1 Abs. 2 G. 13. 2. 1854.

[2]) Erhebung des Kompetenzkonflikts: § 5 (vgl. § 22) V. 1. 8. 1879.

[3]) Art. I § 17a Abs. 3: gutachtliche Anhörung des PräsLKA. bei Anlagen, die im „Landeskultnrinteresse" erforderlich sind; Art. III: Genehmigung der Ansiedlung im Falle der Rentengutsbildung nach § 12 G. 7. 7. 1891. — Nach E. des JM., JustM. u. LM. 24. 7. 1892 (MBl. 338; ZfdLKGG. 32 40) war die GK. auch im Geltungsbereich der AnsG. 4. 7. 1887 (GS. 324) [Hannover], 13. 6. 1888 (GS. 243) [Schleswig-Holstein], 11. 6. 1890 (GS. 173) [Hessen-Nassau] Genehmigungsbehörde; vgl. ZfdLKGG 34 231. Diese Zuständigkeit ist nicht auf den PräsLKA., sondern auf den VKA. übergegangen. Vgl. A. 1 r zu § 9.

[4]) Mit Ausnahme der Nr. 6 (Rezeßbestätigung) ist die Amtshandlung selbst auch hier — entsprechend dem Grundsatz § 9 — von dem VKA. vorzunehmen. Nur hat dieser vorher in jedem einzelnen Falle die Genehmigung des PräsLKA. einzuholen (Begr. 18). — Mangel der Genehmigung begründet den Einwand der Unzuständigkeit des VKA.; vgl. aber Abs. 2.

[5]) Außerdem hat der PräsLKA. den Rentengutsrezeß zu bestätigen (Nr. 6).

[6]) Z. B. wenn es sich um die Begründung eines einzelnen Rentengutes oder die Zerteilung einer kleinen Besitzung in nur wenige Rentengüter handelt. Die Ermächtigung wird in der Regel sogleich nach Stellung des Antrages (§ 12 Abs. 1 G. 7. 7. 1891) zu erteilen sein; sie kann aber für die Befugnis zur Einstellung des Verfahrens auch nach der

vom PräsLKA. genehmigten Einleitung erteilt werden. Der PräsLKA. kann dem VKA. auch eine allgemeine Ermächtigung erteilen, so daß dieser selbst zu entscheiden hat, ob eine einfache Sache vorliegt (AusschBer. S. 22).

[7]) Hierher gehört sowohl der Fall, daß ein Rentengut nach G. 27. 6. 1890 ohne Vermittlung (der GK. oder) des VKA. begründet ist, wie der Fall, daß es nach § 12 G. 7. 7. 1891 durch Vermittlung des VKA., jedoch unter nicht vollständiger Ablösung der Kaufrente, begründet ist. — Die Bestätigung des Ablösungsrezesses wie des Vertrages über die Darlehensgewährung (§ 2 obd. § 12 Abs. 2 S. 2 G. 7. 7. 1891) gebührt dem VKA., nicht dem PräsLKA. Vgl. aber auch A. 11. — Ablösung der auf dem Rentengut haftenden Rentenbankrente: Nr. 3 (A. 8).

[8]) Der Genehmigung der AuseinBeh. bedarf es nur bei Ablösung innerhalb der ersten zehn Jahre nach der Begründung des Rentenguts. — Nicht hierher gehören die Fälle §§ 5, 6 G. 26. 4. 1886 (GS. 131) und §§ 3, 4 G. 27. 6. 1890 (GS. 209).

[9]) Vgl. § 168 V. 20. 6. 1817, § 116 HannVerfG. 30. 6. 1842. Prüfung des Rezesses (durch den PräsLKA.): §§ 161—164 V. 20. 6. 1817. — In Konsolidationssachen im Reg.-Bez. Wiesbaden wird ein Rezeß weder bestätigt noch errichtet. — Über die Bedeutung der Bestätigung: Holzapfel im VerwArch. 16 15.

[10]) Vgl. § 165 V. 20. 6. 1817, § 25 AusfG. 7. 6. 1821 (GS. 83), § 8 GTO. 19. 5. 1851 (GS. 371), § 9 GTO. 13. 5. 1867 (GS. 716), § 8 ZusG. 5. 4. 1869 (GS. 514), § 7 GTO. 5. 4. 1869 (GS. 526), § 8 GTO. 17. 8. 1876 (GS. 377), § 11 GTO. 23. 5. 1885 (GS. 143), § 5 ZusG. 24. 5. 1885 (GS. 156); ferner: §§ 140—142 HannVerfG. 30. 6. 1842. — Als öffentliche Behörden, die den Rezeßabschluß vermitteln, kamen in Betracht: Magistrate und Landschaften (§ 67 V. 20. 6. 1817), Regierungen und Provinzialschulkollegien (s. Abs. 2 der Nr. 6 und dazu A. 12), früher auch

Kreisvermittlungsbehörden (§ 4 V. 30. 6. 1834; vgl. jetzt oben § 1 Abs. 6). Auch die von diesen Behörden vermittelten Rezesse, jedoch mit der Ausnahme Abs. 2, sind vom PräsLKA. zu bestätigen. — Die Zuständigkeit des Amtsgerichts zur Rezeßbestätigung nach § 44 V. 30. 6. 1834 wird nicht berührt.

11) Der PräsLKA. hat den Rentengutsrezeß auch dann zu bestätigen, wenn er dem VKA. die in Nr. 1 S. 2 bezeichnete Ermächtigung erteilt hat. Wird gleichzeitig mit der Begründung des Rentenguts auch die Rente abgelöst oder ein Baudarlehen gewährt (§ 12 Abs. 2 S. 2 G. 7. 7. 1891), so hat der PräsLKA. auch den hierauf bezüglichen Teil des Rentengutsrezesses zu bestätigen.

12) §§ 65, 66 V. 20. 6. 1817, § 39 V. 30. 6. 1834, § 1 G. 21. 4. 1852 (GS. 258). Vgl. aber andererseits: § 14 RVG. 2. 3. 1850, § 2 G. 21. 4. 1852.

13) §§ 14, 15, 17—23, 25—29, 32 G. 13. 5. 1879. Vgl. Art. 21 AGBGB.

14) Zur Erhebung von Kostenvorschüssen bedarf der VKA. keiner Genehmigung. Er wird jedoch wegen der Höhe der Vorschüsse vorher den PräsLKA. befragen müssen, um sie mit Rücksicht auf die spätere endgültige Festsetzung richtig bemessen zu können. — Anweisung und Erhebung der Pauschsätze geschieht durch den VKA.: § 29 Abs. 4.

15) G. 3. 3. 1850 (GS. 145), 27. 6. 1860 (GS. 384) (beide eingeführt in den Reg.-Bez. Kassel durch G. 12. 4. 1885 GS. 115, in Schleswig-Holstein durch G. 24. 4. 1886 GS. 139). Ferner: G. 25. 3. 1889 (GS. 65: Prov. Hannover) [eingeführt im Reg.-Bez. Wiesbaden und Helgoland durch Art. 20 AGBGB.]. Endlich: G. 15. 7. 1890 (GS. 226).

16) Entsprechend der amtsgerichtlichen Zuständigkeit: § 23^{1} GVG. — Bei einem Austausch von Grundstücken entscheidet bei Verschiedenheit der Werte der höhere Wert, bei einem Abverkauf regelmäßig der Betrag des Preises.

Im übrigen hat der VKA. den Wert überschlägig zu ermitteln und seine Höhe erforderlichenfalls mit Rücksicht auf Abs. 2 in dem Unschädlichkeitszeugnis anzugeben.

[17]) Auseinandersetzungs- (Zusammenlegungs-, Gemeinheitsteilungs-, Ablösungs-)Verfahren: § 150 GTO. 7. 6. 1821 vbd. AllgLR. I 20 §§ 460—465; §§ 1, 5, 6, 8 G. 29. 6. 1835 (GS. 135); §§ 110, 111 AblG. 2. 3. 1850 vbd. Art. 15 ErgG. 2. 3. 1850; §§ 58, 60 V. 30. 6. 1834. Dekl. 30. 7. 1842 (GS. 245); Art. 89 [1b] Abs. 9 AGBGB; Für die Güterkonsolidation im Reg.-Bez. Wiesbaden: § 16 G. 4. 8. 1904 (GS. 191); für die Prov. Hannover: § 10 HannVerkG. 8. 11. 1856. — Enteignungsverfahren: § 49 EnteigG. 11. 6. 1874 (GS. 321). — Unschädlichkeitszeugnisse: s. die Anführungen A. 15.

Der VKA. kann das Verwendungsverfahren selbständig einleiten, z. B. die Bekanntmachung an die dinglich Berechtigten erlassen, ohne die Genehmigung des PräsLKA. einzuholen. Dagegen bedarf er dieser Genehmigung, wenn er den zu verwendenden Kapitalbetrag an den Forderungsberechtigten auszahlen will: die Freigabe des Kapitals darf nur mit Genehmigung des PräsLKA. erfolgen.

Verwendung im Falle des § 5 Abs. 1 G. 2. 4. 1887: Nr. 11.

[18]) Die sog. „Substanzverfügung" ist nach § 4 a. a. O. von der AuseinBeh. nur zu genehmigen. Die hier (zu Nr. 11) genannte „Genehmigung" bedeutet jedoch nach dem Zusammenhang der Worte nicht, daß der PräsLKA. die nach § 4 erforderliche Genehmigung selbst auszusprechen habe, vielmehr wird sie von dem VKA. ausgesprochen, der aber dazu vorher die Einwilligung des PräsLKA. einholen muß (A. 4).

[19]) Verwendung: s. auch Nr. 10 (A. 17); Verteilung: ZfLKGG. **35** 245, 232. Die Verteilung erfolgt durch Errichtung und Bestätigung eines Rezesses (Holzapfel, das G. 2. 4. 1887 S. 28), fällt daher regelmäßig schon unter Nr. 6.

[20]) Oben A. 4.

[21]) Die auf Grund des Unschädlichkeitszeugnisses (Nr. 9) erfolgten Eintragungen im Grundbuch, die Verwendung des Entschädigungskapitals (Nr. 10), die Verfügungen über ein Stück des gemeinschaftlichen Vermögens und die Verwendung und Verteilung des dabei aufgekommenen Kaufgeldes (Nr. 11) können also, wenn der VKA. den Wert auf nicht mehr als 600 M. bescheinigt hat, nicht mit der Behauptung angefochten werden, daß der Wert in Wirklichkeit 600 M. überstiegen habe.

II. Verfahren.

§ 17.

1. Vorschriften über das Verfahren.

(1) Soweit nicht in diesem Gesetz anders bestimmt ist, kommen für das Verfahren des Vorstehers des Kulturamts die Auseinandersetzungsgesetze[1]), für das Verfahren der Spruchkammer und des Oberlandeskulturamts das Landesverwaltungsgesetz[2]) sowie die übrigen für die Bearbeitung der Angelegenheiten der allgemeinen Landesverwaltung ergangenen gesetzlichen Vorschriften[3]) sinngemäß zur Anwendung[4]). Soweit Geschäftsgang und Verfahren hierdurch nicht geregelt sind, ordnet sie der Minister für Landwirtschaft, Domänen und Forsten.

(2) Im Falle der Ausschließung, der begründeten Ablehnung[5]) oder der vorübergehenden Behinderung eines Vorstehers des Kulturamts bestellt der Präsident des Landeskulturamts einen Stellvertreter[6]).

[1]) In der Hauptsache: V. 20. 6. 1817, AusfG. 7. 6. 1821 (GS. 83), V. 30. 6. 1834, V. 22. 11. 1844 (GS. 1845 S. 19) und das die ZPO. einführende G. 18. 2. 1880 (GS. 1899, S. 403), dessen § 35 die für das amtsgerichtliche Verf. geltenden Vorschriften für anwendbar erklärt. Die Vorschriften sind zusammengestellt bei Glatzel-Sterneberg-Pelzer, das

Verf. in AuseinAngel. (2). Für das KonsVerf. im Reg.-Bez. Wiesbaden und das Verf. in der Prov. Hannover gelten besondere Vorschriften; s. §§ 30, 31 und A. dazu.

Bei der Anwendung der (altpreußischen) AuseinGes. ist zu beachten, daß die darin der GK. erteilten Befugnisse auf den VKA. übergegangen sind (oben § 9). Daneben hat er die dem SpK. erteilten Befugnisse behalten. Unanwendbar sind aber diejenigen Vorschriften, die darauf berechnet sind, daß der SpK. nur Beauftragter der KG., nicht, wie der VKA., selbständige (Ausein)Beh. war. So § 578 ZPO. vbd. § 78 G. 18. 2. 1880, wonach die Änderung einer Entscheidung des SpK. bei der GK. „nachzusuchen" ist und erst gegen deren Entscheidung Beschwerde stattfindet. Auch gegenüber den Zeugen und Sachverständigen übt der VKA. jetzt die vollen Befugnisse des Prozeßgerichts (früher: §§ 387, 400, 402, 406 ZPP. vbd. § 42 G. 18. 2. 1880). Gleiches gilt von seiner Befugnis gegenüber Parteivertretern und Beiständen (früher: § 81 V. 20. 6. 1817, § 157 ZPO., § 13 Abs. 1, G. 18. 2. 1880). Die Sitzungspolizei steht ihm im vollen, nicht mehr durch § 101 Abs. 2 G. 18. 2. 1880 beschränkten, Umfange nach §§ 178—181, 184 GVG. zu; auch die Vollstreckung der von ihm verhängten Strafen liegt ihm ob; vgl. hierzu auch § 26. — Über den Fall, daß der VKA. als Beauftragter einer höheren Instanz in einer bei dieser anhängigen (Beschwerde-)Sache tätig wird, s. unten A. 4b und A. 3 zu § 78 LVG.

Die AuseinGes. gelten nach § 17 sowohl für das Verwaltungs-(„Regulierungs"-)Verf. wie für das Streit-Verf. vor dem VKA. Doch hat diese Unterscheidung mit Rücksicht auf § 29 (Kostenfreiheit des Streitverfahrens) nur noch geringe praktische Bedeutung. Begr. 25 (vgl. auch 13, 14) glaubt, das Streitverfahren zum Verwaltungsverf. rechnen zu sollen. S. dagegen § 21.

*) Das Verf. vor der Spruchkammer ist allein das Be-

schlußverfahren (§§ 115—126 LVG.). Vor dem OLKA. findet nur in einem Falle ein VerwStreitVerf. statt: § 126 LVG.; im übrigen ist auch hier das Verf. das Beschlußverfahren. (Begr. 27); vgl. § 54 LVG. Die hiernach anwendbaren Vorschriften mit Ausnahme derjenigen, die nur für das VerwStreitVerf. gelten, sind unter II zusammengestellt und soweit erläutert, wie es zum Verständnis ihrer Anwendbarkeit im AuseinVerf. erforderlich schien.

[3]) Nur die gesetzlichen, nicht auch die im Verwaltungswege erlassenen Vorschriften. Sie sind, soweit erforderlich, unten zu II ebenfalls abgedruckt oder angeführt. Der Erlaß weiterer Vorschriften im Verwaltungswege ist dem LM. vorbehalten: Abs. 1 S. 2.

[4]) Inwieweit es sich um das Verf. des VKA. und inwieweit um ein solches der Spruchkammer oder des OLKA. handelt, kann im einzelnen zweifelhaft sein. Hierüber ist folgendes zu bemerken:

a) Das Verf. des VKA. endet grundsätzlich mit der Zustellung der von ihm erlassenen Entscheidung. Vgl. über den Umfang der „Instanz" i. S von § 178 ZPO.: RG. 10 346, 13 311, 19 397, 39 399, 41 427. Das Rechtsmittel gegen die Entscheidung gehört hingegen grundsätzlich in die Rechtsmittelinstanz d. h. zum Verf. der Spruchkammer oder des OLKA. Daher bestimmt sich die Form der Einlegung und die Stelle, bei der es einzulegen ist, nach dem LVG. Ferner müßte sich auch die Art des Rechtsmittels (Beschwerde usw.), seine Zulässigkeit im einzelnen Fall und die Rechtsmittelfrist nach den für die Rechtsmittelinstanz geltenden Verfahrensvorschriften richten. Doch hat das vorliegende G. hierüber bez. der von ihm selbst geregelten Entscheidungen des VKA. erschöpfend Bestimmung getroffen, und für die nicht in diesem G. geregelten Entscheidungen gelten seiner Absicht entsprechend die bisherigen Sondervorschriften weiter. Die weitere Behandlung des eingelegten Rechtsmittels richtet sich allein nach den Vorschriften für das Verf. der Rechtsmittelinstanz. Wo daher das LVG. der ersten Instanz in bezug auf das gegen ihre Entscheidung eingelegte Rechtsmittel eine besondere Tätigkeit zuweist (Prüfung und Entscheidung über die Rechtzeitigkeit: § 122 LVG.), hat diese im AuseinVerf. der VKA. auszuüben. Auch die näheren Vorschriften des LVG. über die Einlegung der Beschwerde durch den Vorsitzenden (§ 123 a. a. O.) finden auf den VKA. (§ 24 Abs. 1 S. 2) Anwendung.

b) Wird der VKA. in höherer Instanz im Auftrage der Spruchkammer oder des OLKA. z. B. bei einer Beweisaufnahme tätig, so handelt es sich um ein Verf. des VKA., nicht um ein solches der Spruchkammer oder des OLKA. Daher finden hier grundsätzlich die Vorschriften der Auseinandersetzungsgesetze Anwendung. Vgl. A. 8 zu § 78 LVG.

c) Über Zwangsvollstreckung s. A. 4 zu § 28 und A. 2 zu § 60 LVG.

[5]) Ausschließung: § 41 ZPO.; Ablehnung: §§ 42ff. Vgl. § 5 G. 18. 2. 1880. S. ferner § 5 HannVerfG. 30. 6. 1842. — Das KonsVerf. im Reg.-Bez. Wiesbaden kennt weder eine Ausschließung noch eine Ablehnung; vgl. jedoch OLKG. 27. 10. 1911 i. d. KonsS. von Dillenburg. — Ist der VKA. gegenüber einzelnen Teilnehmern ausgeschlossen oder mit Erfolg abgelehnt, so ist er dadurch nicht an der Bearbeitung der Sache im Ganzen, sondern nur an solchen Amtshandlungen gehindert, die zu den Personen und Verhältnissen, in denen die Ausschließung oder Ablehnung ihren Grund hat, in Beziehung stehen (Begr. 23).

[6]) A. 4 zu § 11.

§ 18.

2. Verhandlungsschrift. In dem Verfahren vor dem Vorsteher des Kulturamts bedarf es der Unterschrift des Protokolles durch die Be-

teiligten außer im Falle des § 10 Abs. 2 nicht, wenn ein Protokollführer bei Aufnahme der Verhandlung mitwirkt [1]).

[1]) Abweichend von §§ 17ff. G. 18. 2. 1880. Dagegen bedarf es der Verlesung der Verhandlungsschrift und ihrer Genehmigung durch die Beteiligten (§§ 17, 18 a. a. O.). Die Eröffnung nach § 19 Abs. 1 a. a. O. hat nur noch im Falle des § 10 Abs. 2 (Verhandlungen in Ödlandssachen) Bedeutung. Für die Verhandlung mit tauben, stummen, blinden und schreibunkundigen Personen gelten die im § 20 a. a. O. angeführten Vorschriften weiter, jedoch mit der Maßgabe, daß — abgesehen von § 10 Abs. 2 — Unfähigkeit zum Schreiben keine besonderen Förmlichkeiten mehr nötig macht. Vgl. Begr. 23.

§ 19.

3. Vertreter der Teilnehmergesamtheit.

(1) Von den gemeinschaftlichen Bevollmächtigten und deren Vertretern, die in einem Umlegungsverfahren [1]) von allen Beteiligten [2]) zu wählen sind, soll [3]) mindestens je einer den mit Grundbesitz von kleinem, mittlerem und größerem Umfange beteiligten [4]) Eigentümern entnommen werden. Mit diesen Bevollmächtigten soll der Vorsteher des Kulturamts die wichtigeren gemeinschaftlichen Angelegenheiten [5]), insbesondere die Feststellung der Schätzungsklassen und -werte [6]), den Entwurf des Wege- und Grabennetzes sowie die bei Aufstellung des Auseinandersetzungsplanes zu beobachtenden Grundsätze [7]) erörtern [8]).

(2) Der die Vermessungs- und kulturtechnischen Arbeiten ausführende Vermessungsbeamte soll diesen Verhandlungen beratend beiwohnen.

[1]) Zusammenlegungs-, Spezialseparations-, Verkoppelungs-, Konsolidationsverfahren. Eine Gemeinheitsteilung oder eine Dienstbarkeitsablösung ohne Umlegung, auch wenn die Ab-

findung der Berechtigten durch Land erfolgt, fällt nicht unter § 19.

[2]) Also als Vertreter der Gesamtheit aller Teilnehmer. (§ 4 G. 21. 3. 1887 GS. 61: Konsolidationsvorstand; § 20 HannVerfG. 30. 6. 1842 vbd. § 3 Hann. VerfG. 8. 11. 1856: Syndiken). Die nur für einzelne Gruppen von Teilnehmern bestellten Vertreter (vgl. § 75 b, c V. 20. 6. 1817; § 9 G. 21. 3. 1887; § 19 Abs. 2, § 21, HannVerfG. 30. 6. 1842) kommen hier nicht in Betracht. — Vertreter der Teilnehmergesamtheit müssen jetzt in allen Fällen des Abs 1 bestellt werden; bisher war dies im Gebiet des altpreußischen AuseinVerf. nicht vorgeschrieben. — Für das KonsVerf. im RegBez. Wiesbaden bleibt § 4 G. 21. 3. 1887 über die Zusammensetzung des KonsVorstandes in Kraft. Es ist anzunehmen, daß der KonsVorstand im ganzen auch an der Entscheidung nach § 23 teilnimmt, daß also die nicht gewählten Mitglieder nicht ausgeschlossen sind

[3]) Der VKA. „soll" auf eine entsprechende Wahl hinwirken. Wählen die Teilnehmer gleichwohl anders, so kann der VKA. eine neue Wahl anordnen. Unmittelbaren Zwang zur Beobachtung des § 19 kann er nicht anwenden und Ungültigkeit der Wahl ist nicht die Folge der Außerachtlassung des § 19.

[4]) Nicht der Gesamtbesitz des einzelnen Teilnehmers entscheidet, sondern die Größe der Fläche, mit der er am Verfahren beteiligt ist.

[5]) Begriff der gemeinschaftlichen Angelegenheiten: § 82 V. 20. 6. 1817; vgl. auch § 19 Abs. 2 HannVerfG 30. 6. 1842.

[6]) §§ 116, 117 V. 20. 6. 1817, § 8 G. 17. 1. 1883 (GS. 7), § 14 G. 21. 3. 1887 (GS. 61).

[7]) Sog. „generelle Plandisposition" (AnweisfSpK. und VermessBeamte i. Bez. d. GK. Kassel Bd. 1 S. 148).

[8]) Der VKA. soll ständig mit der Vertretung der Gesamtheit in Fühlung bleiben und sich ihre Orts- und Sachkunde zunutze machen (Begr. 24). — Mitwirkung der Teilnehmervertretung bei der Entscheidung erster Instanz: § 23.

§ 20.

In den Fällen des § 1 in Verbindung mit § 3 Abs. 2, des § 4 Abs. 3 und des § 5 Abs. 2[1]) des Gesetzes, betreffend die durch ein Auseinandersetzungsverfahren begründeten gemeinschaftlichen Angelegenheiten, vom 2. April 1887 (Gesetzsamml. S. 105) hat der Vorsteher des Kulturamts einen mit Gründen versehenen Beschluß zu erlassen. Der § 21 Abs. 1 Satz 2 findet Anwendung[2]). Gegen den Beschluß findet binnen zwei Wochen Beschwerde an die Spruchkammer statt[3]). 4. Beschlüsse des VKA. nach G. 2. 4. 1887.

[1]) a) § 1, § 3 Abs 2: Ernennung eines Verwalters oder Vertreters. — Die Ablehnung des Antrags auf Regelung (§ 3 Abs. 1) ist hier (wie auch schon im § 7 a. a. O.) nicht erwähnt. Die Begründung der (ablehnenden) Entscheidung ist noch wichtiger, als die der stattgebenden. Doch entscheidet über die Beschwerde gegen die Ablehnung nicht die Spruchkammer, sondern der PräsLKA.; s. A. 1 c zu § 50 und A. 2 zu § 121 LVG.

b) § 4 Abs. 3: Entscheidung über die Genehmigung zur Verfügung über das gemeinschaftliche Vermögen.

c) § 5 Abs. 2: Ablehnung der Verteilung eines aufgekommenen Kaufgeldes und Anordnungen über dessen Verwaltung. — Erfordernis der Genehmigung des PräsLKA. in den Fällen §§ 4, 5: § 16 II [11].

[2]) Richterliche Unabhängigkeit bei der Entscheidung.

[3]) Der Erlaß eines Beschlusses in den Fällen A. 1 war schon im § 7 Abs. 1 G. 2. 7. 1887 vorgeschrieben. Für den Inhalt des Beschlusses gilt § 7 Abs. 2, 3 a. a. O. — Die Beschwerdefrist betrug ebenfalls schon nach § 10 a. a. O. zwei Wochen. Aufschiebende Wirkung der Beschwerde: § 10 Abs. 2; vgl. § 53 S. 1 LVG. WidvSt. gegen Versäumung der Beschwerdefrist war bisher nicht zulässig (ZfLKGS. 38 265); s. jetzt § 52 Abs. 2 LVG.

§ 21.

5. Beschlüsse des VKA. in Streitsachen. — Versäumnisverfahren.

(1) Über Streitigkeiten unter den Beteiligten im Verfahren vor dem Vorsteher des Kulturamts, deren Entscheidung zur Durchführung des Verfahrens erforderlich ist[1], hat dieser einen mit Gründen[2] versehenen Beschluß[3] zu erlassen und den an der Streitigkeit Beteiligten zuzustellen. Der Vorsteher des Kulturamts hat dabei nach seiner freien, aus dem ganzen Inbegriffe der Verhandlungen und Beweise geschöpften Überzeugung zu entscheiden[4]. Wird gegen den Beschluß ein Rechtsmittel nicht eingelegt, so hat er die Kraft eines endgültigen Urteils[5].

(2) Das gleiche gilt, wenn im Laufe der Regulierung der Eintritt der Versäumnis festzustellen ist[6].

[1]) „Verfahren" ist nicht nur das AuseinVerf., sondern jedes vor dem VKA. stattfindende Verf., das sich allerdings nach § 17 in den Formen des AuseinVerf. abwickelt. Daher erstreckt sich die Entscheidungsbefugnis des VKA. auf alle Angelegenheiten, in denen sie bisher der GK. oder ihm selbst (vgl. § 27) zustand. Ausnahme: § 31 [1]. Vgl. § 9 und A. 1 dazu.

„Streitigkeiten unter den Beteiligten" liegen vor, wenn die Beteiligten einander widerstreitende Ansprüche erheben oder wenn ein Beteiligter einen Anspruch gegen einen anderen erhebt, dieser ihn aber bestreitet. Doch ist der Begriff der Streitigkeit i. S. des § 21 nicht hierauf zu beschränken. Die Begr. 24, 25 führt aus: Der VKA. müsse sich bestreben, „die ganze Angelegenheit in Güte beizulegen", und weiter: „Führt der Weg der Güte nicht zum Ziele, so liegen Streitigkeiten vor, über die eine Entscheidung ergehen muß, soweit anderenfalls der unter allen Umständen vAw. herbeizuführende Abschluß des Verfahrens nicht erreicht werden kann ... Nach dem Entwurf unterbleibt die Bildung von Parteien ... Er (der Beschluß) wird im Regulierungsverfahren erlassen." Danach liegen auch dann Streitigkeiten i. S. des § 21 vor, wenn die Beteiligten gegen Maßnahmen oder beabsichtigte Maßnahmen des KA. Widerspruch erheben, oder wenn sie ihre Anträge gegen die vom KA. oder von anderen Behörden erhobenen Widerstände und Einsprüche durchsetzen wollen, ohne untereinander in Streit oder Meinungsverschiedenheit zu sein. Ähnlich auch schon das bisherige Recht: ZfLKG. 39 38. Daß insbesondere der Streit zwischen Privatpersonen bestehe, ist hier so wenig erforderlich, wie im VerwStreitVerf., das sogar meistens zwischen Privatpersonen und Behörden oder zwischen mehreren Behörden stattfindet.

Im einzelnen unterliegen der Entscheidung des KA. folgende Streitigkeiten:

a) Im Auseinanders.- und RentengutsVerf.: Der Streit über die Zulässigkeit des Verfahrens (Zulässigkeitsstreit), auch bei der Güterkons. im Reg.-Bez. Wiesbaden, wo er bisher lediglich im Aufsichtswege erledigt wurde (Holzapfel, die GesGeb. über die Güterkons., S. 85), jedoch ausgenommen bei GemTeil- und VerkoppSachen in der Prov. Hannover (§ 31 [1]); Streitigkeiten über die Abschätzung (§ 23); Plan- und Rezeßstreitigkeiten (§ 28); Streit über die Zulässigkeit der Ausführung (§ 6 V. 22. 11. 1844 GS. 19, § 21 G. 17. 1. 1883 GS. 7). Über die Vollstreckbarkeit des KonsPlans im Reg.-Bez. Wiesbaden s. § 6 G. 4. 8. 1904 GS. 191, § 30 [1] und A. 3 dazu; die bei der Ausführung entstehenden Streitigkeiten (§ 30 [2]); die Beschwerde über Verkürzung nach §§ 135 ff. HannVerfG. 30. 6. 1842; im Bereich der G. 4. 7. 1887 (GS. 324) [Hannover], 13. 6. 1888 (GS. 243) [Schleswig-Holstein], 11. 6. 1890 (GS. 173) [Hessen-Nassau] auch über Einsprüche gegen die Erteilung der Ansiedlungsgenehmigung (s. A. 3 zu § 16 und A. 1 r zu § 9).

b) Streitigkeiten, die bei der Auseinandersetzung wegen des Schulzengutes entstehen (A. 1 d zu § 9).

c) Str. über die Verteilung von Reallasten bei Zerstückelung des belasteten Grundstücks (A. 1 p zu § 9).

d) Str. über die Ablösung der auf Mühlen haftenden Abgaben, jedoch mit Ausnahme des Streits über den gewerblichen Charakter der Abgaben (A. 1 m zu § 9).

e) Str. über die Teilung gemeinschaftlicher Holzungen (A. 1 n zu § 9); vgl. ZfLKGS. 39 38.

f)) Str. im Verwendungsverfahren (A. 1 g zu § 9).

g) Str. über die Revierbildung bei der Koppelfischerei in der Prov. Hannover und im Reg.-Bez Kassel (A. 1 q zu § 9).

h) Str. über die Zulässigkeit der Zerteilung oder der Aufhebung der wirtschaftlichen Selbständigkeit eines Rentengutes nach §§ 5, 6 G. 26. 4. 1886 (GS. 131) und §§ 3, 4 G. 27. 6. 1890 (GS. 209).

Über die nicht unter § 21 fallenden Entscheidungen s. A. 1 zu § 50 und A. 2 zu § 121 LVG.

Innerhalb der ihm zustehenden Angelegenheiten übt der VKA. die Entscheidungsbefugnis in demselben Umfange aus, wie bisher die GK. Vgl. hierüber im allgemeinen: § 7 V. 30. 6. 1834; § 5 Nass. Min. V. 12. 9. 1829; §§ 1, 28 HannVerfG. 30. 6. 1842. Der Wert des Streitgegenstandes beschränkt seine Entscheidungsbefugnis nicht (Begr. 25). Wo es zur Durchführung des Verf. erforderlich ist, hat er auch solche Streitigkeiten zu entscheiden, die außerhalb des AuseinVerf. zur Zuständigkeit anderer Behörden, z. B. der Verwaltungsgerichte (Begr. 25) gehören. Wegen der bürgerlichen Rechtsstreitigkeiten s. jedoch § 1 Abs. 5 (A. 6) und § 22.

Rechtsmittel[2] gegen die Entscheidungen des VKA.: § 24 und § 121 LVG.

[2]) Die Gründe haben die für die „Entscheidung bestimmend gewesenen Umstände so ausführlich darzulegen, daß die Beteiligten sie unter Zuziehung von sachkundigen Vertrauenspersonen genau nachprüfen können“ (Begr. 24,

25). Vgl. auch OVG. 1 410; 29 212; PrVBl. 2 304, 10 155, 309. Fehlen der Gründe ist Anfechtungsgrund.

[3]) Die Gegenüberstellung verschiedener Parteien im Eingang der Entscheidung und bei den der Entscheidung vorausgehenden Verhandlungen ist überflüssig (Begr. 24), aber nicht unzulässig. Sie war schon bisher im HannVerf. und beim KonsVerf. im Reg.-Bez. Wiesbaden nicht durchweg üblich. Selbstverständlich müssen aber alle an dem Gegenstande der Entscheidung beteiligten Personen zur Verhandlung zugezogen werden. (Begr. 25). Die Entscheidung kann nicht zu ungunsten eines Teilnehmers ergehen, wenn ihm nicht rechtliches Gehör gewährt ist. Vgl. OVG. 1 318, 12 64, 17 14, 20 191, 25 191, 28 83, 253, 29 187.

[4]) Unabhängig von Weisungen der vorgesetzten Dienstbehörde (§ 12). Satz 2 gilt auch bei Beschlüssen nach §§ 20, 22, 23. Über die Grenzen der Anweisungsbefugnis der vorgesetzten Behörde s. A. 4 zu § 50 LVG.

[5]) Satz 3 des Abs. 1 ist eine äußerliche Nachbildung des § 64 Abs. 7 LVG. (statt „Urteil" hätte es, wie in dem entsprechenden § 117 Abs. 4 Satz 3 LVG., „Beschluß" heißen müssen). Die Vorschrift hat hier aber einen ganz anderen Sinn, wie dort. § 64 (ebenso 117) LVG. handelt von dem (regelwidrigen) Vorbescheide des Vorsitzenden, und Abs. 7 will zum Ausdruck bringen, daß dieser Vorbescheid bei Nichtanfechtung die Bedeutung einer Entscheidung des Kollegiums erlange. § 21 Abs. 1 Satz 3 hingegen, handelt von dem (der Regel entsprechenden) Beschluß des BKA., den Begr. 25 mit Unrecht als eine Nachbildung des Vorbescheides bezeichnet, und enthält eine Vorschrift über die Rechtskraft dieses Beschlusses. Die Aufnahme der Vorschrift ist, was die förmliche Rechtskraft anlangt, insofern irreführend, als sie sich einerseits von selbst versteht, andererseits unvollständig ist. Denn endgültig im förmlichen Sinne wird der Beschluß auch, wenn er ohne Erfolg angefochten, wenn die eingelegte Beschwerde zurückgenommen oder wenn auf ihre Einlegung

verzichtet wird. — Zurücknahme und Verzicht müssen gegenüber der Behörde erklärt werden (OVG. 8 385, 54 54). Die bloße Zurücknahme schließt jedoch die erneute Rechtsmitteleinlegung nicht aus, wenn diese noch innerhalb der Rechtsmittelfrist geschieht (OVG. 6 389). — Was die sachliche Rechtskraftwirkung betrifft, so ist der Ausdruck „endgültiges Urteil" insofern unglücklich gewählt, als er zu der Annahme verleiten könnte, daß der Beschluß stets ein endgültiges Rechtsverhältnis begründet oder anerkennt. Dies trifft aber keineswegs zu. Vielmehr hängt es von Inhalt und Gegenstand der Entscheidung ab, ob sie in diesem (sachlichen) Sinne endgültig ist (OVG. 41 284, 55 354). Nicht endgültig ist nicht nur die „interimistische" Entscheidung (§ 36 V. 30. 6. 1834; vgl. unten § 27), die nachher wieder geändert oder aufgehoben werden kann, sondern auch die Entscheidung, durch die ein Antrag auf Auseinandersetzung abgelehnt wird: auf einen neuen, dem Gesetz entsprechenden, Antrag kann später gleichwohl die Auseinandersetzung für zulässig erklärt werden. Ähnliches gilt von anderen Entscheidungen, die nur einen vorübergehenden Charakter haben. — Vgl. über Rechtskraft OVG. 22 86, 90, 37 317, 41 284.

Über Vorbescheide in den höheren Instanzen: § 117 LVG.; in Ansiedlungssachen: Art. III § 18 Abs. 2 G. 10. 8. 1904 (GS. 227).

[6]) Das Versäumnisverfahren bei der „Regulierung" bleibt nach § 17 Abs. 1 in Kraft; vgl. §§ 145—149, 151—153 V. 20. 6. 1817, § 56 G. 18. 2. 1880. Die Säumnisfolgen werden jetzt durch Beschluß des VKA. nach § 21 verwirklicht. Gegen den Beschluß findet Beschwerde und weitere Beschwerde nach §§ 24, 25 statt. Ergibt sich, daß eine Versäumnis des Beschwerdeführers nicht vorlag, so kann das Beschwerdegericht die Sache an den VKA zurückverweisen. Notwendig ist dies aber nicht; das Beschwerdegericht kann auch sogleich in der Sache erkennen. — Beim Verfahren in der Prov. Hannover und beim KonsVerf. im

Reg.-Bez. Wiesbaden findet Abs. 2 keine Anwendung, da hier die Folgen der Versäumnis — der Ausschluß mit allen Einwendungen — von selbst, ohne richterlichen Spruch, eintritt. Vgl. § 41 Abs. 3 HannVerfG. 30. 6. 1842; ferner § 5 Abs. 1 G. 4. 8. 1904 (GS. 191) und dazu Holzapfel, die GesGeb. über Güterkons. (2) S. 47—49, 54 f., 57 f., 147—150, 151, 179.

§ 22[1]).

6. Bürgerliche Rechtsstreitigkeiten.

(1) Streitigkeiten der im § 1 Abs. 5 bezeichneten Art[2]) hat der Vorsteher des Kulturamts[3]), soweit gütliche Einigung nicht zu erzielen ist, durch einen mit Gründen versehenen Beschluß in den Rechtsweg zu verweisen. In dem Beschluß ist, und zwar in der Regel demjenigen, welcher sich nicht im Besitze befindet[4]), zur Erhebung der Klage und zum Nachweise hierüber eine angemessene Frist zu setzen. Der § 21 Abs. 1 Satz 2[5]) findet Anwendung. Der Beschluß ist zuzustellen[6]).

(2) Wird die Klage nicht rechtzeitig erhoben oder wird ihre Fortsetzung schuldhaft verzögert, so trifft der Vorsteher des Kulturamts die nötigen Festsetzungen über den Streitpunkt mit der Wirkung, daß diese Festsetzungen für das schwebende Verfahren endgültig sind und von den Beteiligten weder mit einem Rechtsmittel noch mit der Behauptung, ihre Ansprüche seien nicht hinreichend berücksichtigt, in dem schwebenden Verfahren angefochten werden können[7]). Die Folgen der Versäumnis oder der Verzögerung sind in dem Beschluß (Abs. 1) anzugeben[8]).

[1]) Vorbild zu § 22: § 28 G. 21. 3. 1887 (GS. 61), §§ 36 ff. HannVerfG. 30. 6. 1842.

[2]) Bürgerliche Rechtsstreitigkeiten; vgl. A. 6 zu § 1.

[3]) Vgl. aber auch ZfLKG. 39 220 (Verweisung in den Rechtsweg durch die höhere Instanz).

⁴) Besitz: BGB. §§ 854 (unmittelbarer B.), 855 (mittelbarer B.), 858 (fehlerhafter B.). Gegenüber der Eintragung im Grundbuch hilft Besitz nicht (§ 891 Abs. 1 BGB). Feststellung des Besitzstandes durch Ausschlußwirkung beim KonsVerf. im Reg.-Bez. Wiesbaden: OLKG. 12. 1. 1894 i. d. KonsS. von Oberroßbach (der dadurch als der Berechtigte Ausgewiesene hat stets die Beklagtenrolle). Wer gegen den Eigentümer ein nicht eingetragenes dingliches Recht in Anspruch nimmt, hat die Rolle des Klägers: ZfLKGG. **33** 136 (vgl. aber auch das. **35** 439).

Ist das streitige Rechtsverhältnis schon in einem früheren Rechtsverfahren oder in dem AuseinVerf. selbst z. B. durch Vereinbarung festgestellt, so bedarf es der Verweisung auf den Rechtsweg überhaupt nicht: ZfLKGG. **39** 220.

⁵) Richterliche Unabhängigkeit bei der Entscheidung.

⁶) Beiden Parteien. — Beschwerde: § 24; die Spruchkammer beschließt endgiltig: § 24 Abs. 3. Unberührt bleibt die Befugnis (auch des OLKA.), in einem späteren Planstreit zu prüfen, ob es der Verweisung überhaupt bedurfte und ob nicht über sie hinweggegangen werden kann (ZfLKGG. **29** 220). Die Beschwerde hat der Regel entsprechend (§ 23 S. 1 LVG.) aufschiebende Wirkung. Im Falle der Beschwerdeeinlegung beginnt daher die für die Klageerhebung gesetzte Frist erst zu laufen, wenn die Beschwerde zurückgenommen oder endgültig zurückgewiesen ist. Anders: OLKG. 21. 2. 1913 (ZfLKGG. **39** 220) zu § 23 G. 21. 3. 1887 (GS. 61), der der Beschwerde keine aufschiebende Wirkung beilegt.

⁷) Der Beschluß ergeht „unbeschadet aller privatrechtlichen Verhältnisse" (Begr. 25); vgl. § 7 Abs. 1 S. 2 LVG. Seine „Endgültigkeit" besteht daher nur für das AuseinVerf., und auch hier nur bedingungsweise. Erstreitet der auf den Rechtsweg Verwiesene vor Beendigung des Verfahrens ein obsiegendes Urteil, so ist der BKA. nicht gehindert, die Abfindung für das erstrittene Teilnahmerecht dem Obsiegenden zu überweisen, sie nötigenfalls aus der Gesamtabfindung seines

unterlegenen Gegners auszusondern. Unter Umständen muß sich freilich der Obsiegende mit einer Geldentschädigung begnügen (§ 27 V. 30. 6. 1834). Die Bedeutung des § 21 Abs. 2 S. 1 liegt darin, daß der VKA. diese Regelung bis zur völligen Beendigung des AuseinVerf. hinausschieben kann. In jedem Fall wird der VKA. zweckmäßig die Abfindung für das streitige Teilnahmerecht so legen, daß eine durch die spätere gerichtliche Entscheidung nötige Änderung des AuseinPlanes auf die Streitteile beschränkt bleibt (Begr. 26); vgl. auch §§ 131—133 V. 20. 6. 1817.

[3]) „Sind . . . anzugeben". Diese Angabe ist also Voraussetzung für die in S. 1 bezeichneten Wirkungen. Der VKA. darf „die nötigen Festsetzungen über den Streitpunkt" (S. 1) nur in den Grenzen der Eröffnung S. 2 treffen.

§ 23.

(1) Über Streitigkeiten, die in einem Umlegungsverfahren über die Planlage[1]), über solche Angelegenheiten, die nach den seitherigen Vorschriften dem schiedsrichterlichen Verfahren unterlagen[2]) oder beim Ausbau der gemeinschaftlichen Anlagen entstehen[3]), beschließt der Vorsteher des Kulturamts unter Mitwirkung der von den Beteiligten gewählten gemeinschaftlichen Bevollmächtigten (§ 19 Abs. 1). Zur Fassung gültiger Beschlüsse ist die Anwesenheit von mindestens drei Mitgliedern mit Einschluß des Vorstehers des Kulturamts erforderlich. Bei Stimmengleichheit gibt die Stimme des Vorstehers des Kulturamts den Ausschlag. Der § 21 Abs. 1 Satz 2[4]) findet Anwendung. 7. Plan-, Schätzungs- und Ausführungsstreitigkeiten.

(2) An der Beschlußfassung dürfen diejenigen Bevollmächtigten nicht teilnehmen, deren Landabfindung eine Änderung erfährt, wenn die erhobene Beschwerde für begründet erklärt wird[5]), sowie diejenigen Bevollmächtigten,

welche sich selbst für befangen erklären, vorausgesetzt, daß der Vorsteher des Kulturamts ihre Befangenheit für begründet hält[6]). Tritt hierdurch Beschlußunfähigkeit ein, die auch nicht durch Heranziehung der Vertreter der Bevollmächtigten beseitigt werden kann, oder sind nicht mindestens drei Vertreter gewählt worden[7]), so entscheidet der Vorsteher des Kulturamts allein.

(3) Bei den Verhandlungen soll der ausführende Vermessungsbeamte (§ 19 Abs. 2) die Planzuteilung und die mit dem Wege- und Grabennetz und mit dessen Ausbau zusammenhängenden Angelegenheiten vertreten[8]).

(4) Die Vorschrift des § 107 der Verordnung wegen Organisation der Generalkommissionen usw. vom 20. Juni 1817 (Gesetzsamml. S. 161)[9]), wonach es außer dem Gutachten des mit der Regulierung und Instruktion beauftragten Kommissars über landwirtschaftliche Gegenstände keines Gutachtens eines anderen Sachverständigen bedarf, bleibt außer Anwendung[10]).

[1]) Nicht also alle Plan- (und Rezeß-) Streitigkeiten, die in einem Umlegungsverfahren vorkommen, sondern nur solche, die sich auf die Landabfindung beziehen. Vgl. § 35 V. 30. 6. 1834 („Streitigkeiten über die Planlagen der zur Ausein. gehörigen Grundstücke"), § 14 G. 17. 1. 1883 GS. 7 („über die Einteilung der zur Ausein. gehörigen Gegenstände"). Dagegen sind Streitigkeiten über Entschädigungsansprüche, die mit der Gestaltung der Landabfindung nicht unmittelbar zusammenhängen, vom VKA. allein zu entscheiden. Vgl. aber A. 3. — Die Vernehmung der Kreisvermittlungsbehörde über die Planlage (s. die angeführten Stellen) fällt fort (Begr. 26, 27).

[2]) SchiedsrichterlVerf. fand statt: a) nach zwingender Vorschrift: bei Streit über die Einschätzung nach § 31 a V. 30. 6. 1834; § 11 Abs. 1 G. 17. 1. 1883; § 18 Abs. 1

G. 21. 3. 1887; b) auf Anordnung der AuseinBeh. nach § 31 c V. 30. 6. 1834; c) auf Vereinbarung der Parteien nach § 11 Abs. 2 G. 17. 1. 1883, § 18 Abs. 2 G. 21. 3. 1887. In allen diesen Fällen ist es beseitigt; es findet auch auf Vereinbarung der Parteien nicht mehr statt, vielmehr erfolgt die Entscheidung nach § 23. Vgl. Begr. 26.

[3]) Ausführungsbeschwerden (unten § 30[2]; vgl. § 12 Abs. 2, 3 G. 4. 8. 1904 GS. 191), durch die die Art des Ausbaus der gemeinsch. Anl. bemängelt oder Ersatz des durch den Ausbau verursachten Schadens oder Freistellung von den Baukosten verlangt wird.

[4]) Richterliche Unabhängigkeit bei der Entscheidung. Der Grundsatz gilt hier schon nach § 21, da die Streitigkeiten des § 23 zu den im § 21 genannten gehören. Der letzte Satz des Abs. 1 wäre daher entbehrlich gewesen.

[5]) Dieser Fall liegt nicht nur dann vor, wenn der Beschwerdeanspruch unmittelbar auf eine Änderung der Landabfindung (des Bevollmächtigten) abzielt, sondern auch dann, wenn er von vornherein nur durch eine Änderung dieser Landabfindung befriedigt werden kann. Ergibt sich erst im Laufe der Erörterungen, daß zur Befriedigung des Beschwerdeführers die Landabfindung eines Bevollmächtigten in Anspruch genommen werden muß, so scheidet dieser nachträglich aus. Gleiches muß gelten, wenn bei den Erörterungen die Inanspruchnahme der Landabfindung des Bevollm. und der eines anderen Teilnehmers wahlweise in Frage kommt; der Bevollm. darf nicht in die Lage gebracht werden, für oder gegen sich selbst zu entscheiden. Auch wenn der Bevollm. in eine Änderung seiner Landabfindung eingewilligt hat, ist er ausgeschlossen, wenn über die Art der Ausführung der Änderung gestritten wird. — Vgl. auch A. 2 zu § 19 über die Mitwirkung des Bürgermeisters und des Ortsgerichtsmitgliedes (§ 4 G. 21. 3. 1887) bei Plan- usw. Entscheidungen im KonsVerf. i. RegBez. Wiesbaden.

[6]) Gegen die Entscheidung des LKA., daß keine Befangen-

heit vorliege, steht dem Bevollm. die Beschwerde an die Spruchkammer zu: § 125 LVG. Andere Ausschließungsgründe wie der bei A. 5 bezeichnete und die selbst erklärte und vom LKA. anerkannte Befangenheit bestehen nicht. Doch hat das Gesetz als selbstverständlich vorausgesetzt, daß ein Gesamtbevollmächtigter nicht Richter in eigener Sache sein darf. Daher nimmt er an der Entscheidung nicht nur dann keinen Anteil, wenn er selbst Beschwerdeführer ist, sondern auch dann nicht, wenn er für einen anderen Teilnehmer Planbeschwerde erhebt oder die von einem anderen Teilnehmer erhobene Planbeschwerde als dessen Vertreter weiter verfolgt. Hierher gehört auch der Fall, daß die Gesamtvertreter für die Gesamtheit der Auseinandersetzungsteilnehmer Planbeschwerde erheben; in diesem Falle entscheidet der LKA. stets allein, gleichviel, ob die Gesamtvertreter die Beschwerdeführung einstimmig beschlossen haben oder ob nur ein Mehrheitsbeschluß (vgl. § 4 Abs. 2 G. 21. 3. 1887 GS. 161) vorliegt.

7) „Vertreter" bedeutet hier Bevollmächtigte (Vertreter der Gesamtheit). Daß weniger als drei Bevollmächtigte gewählt sind, wird namentlich bei geringer Zahl der Ausein.-Teilnehmer vorkommen (Begr. 26).

8) Der LKA. soll ihm Gelegenheit geben, sich über Einwendungen gegen seine Arbeiten zu äußern. Die Nichtbefolgung dieser Vorschrift begründet jedoch keine Anfechtbarkeit der Entscheidung.

9) Dasselbe gilt von den — versehentlich nicht erwähnten — gleichartigen Vorschriften § 4 Abs. 2 G. 17. 1. 1883 (GS. 7) und § 12 Abs. 1 G. 21. 3. 1887 (GS. 61).

10) Für die erste Instanz scheidet das Gutachten des LKA., der hier die entscheidende Behörde ist, von selbst aus. In den höheren Instanzen kann er dagegen auch jetzt noch ein Gutachten abgeben. Nur gibt die Begutachtung durch den LKA. der höheren Instanz nicht mehr das förmliche Recht, die Vernehmung weiterer Sachverständigen abzulehnen.

§ 24.

(1) Gegen den Beschluß (§§ 21 bis 23)[1]) findet innerhalb zwei Wochen[2]) die Beschwerde an die Spruchkammer[3]) statt. Sie steht im Falle des § 23 Abs. 1 auch dem Vorsteher des Kulturamts zu[4]). Die Spruchkammer hat vor der Beschlußfassung mündliche Verhandlung anzuberaumen, sofern ein Beteiligter sie beantragt[5]). 8. Beschwerde gegen Beschlüsse des VKA.

(2) Auf die Ausschließung und Ablehnung des Vorsitzenden und der Mitglieder der Spruchkammer finden die Vorschriften der §§ 61, 62 des Landesverwaltungsgesetzes sinngemäß Anwendung[6]).

(3) Im Falle des § 22[7]) ist der Beschluß der Spruchkammer endgültig.

(4) Im Falle des § 126 des Landesverwaltungsgesetzes tritt an die Stelle des Oberverwaltungsgerichts das Oberlandeskulturamt[8]).

[1]) Ebenso gegen den Beschluß in den Fällen §§ 20, 26, 27, 30, für die aber das Rechtsmittel besonders angeordnet ist. — Bezüglich der Androhung des zur Durchführung des Beschlusses erforderlichen Zwangsmittels: § 133 Abs. 1 LVG. und A. 1 dazu.

Die Beschwerde tritt an die Stelle der bisher zulässigen Rechtsmittel, insbesondere der Berufung des altpreußischen AuseinVerf. und der Berufung und des Rekurses des Hannoverschen Verfahrens. Die für die bisherigen Rechtsmittel geltenden Vorschriften treten daher in jeder Beziehung außer Kraft.

Mit der Beschwerde kann der Beschluß nicht nur im Ganzen, sondern auch in einzelnen Beziehungen angefochten werden. Die Bestimmung, wonach die Berufung wegen des Kostenpunktes ohne gleichzeitige Anfechtung in der Hauptsache unzulässig war (§ 99 Abs. 1 ZPO.), hat keine Geltung mehr. Vgl. auch § 125 LVG. — Beschwerde gegen Beschlüsse im Versäumnisverfahren: A. 6 zu § 21.

[2]) Nach der Zustellung (A. 2 zu § 52 LVG.), auch im Hannoverschen Verfahren, wo bisher die Frist für die (jetzt beseitigte) Berufung auch durch die (mündliche) Eröffnung der Entscheidung in Lauf gesetzt wurde (§ 24 G. 17. 1. 1888 GS. 7).

[3]) Einlegung beim VKA.; doch genügt zur Wahrung der Frist auch die Einlegung bei der Spruchkammer: § 122 LVG.

[4]) Der VKA. hat die Erhebung der Beschwerde sofort zu erklären: § 123 Abs. 2 LVG.

[5]) Mündliche Verh. kann auch ohne Antrag anberaumt werden: § 119 LVG.

[6]) S. die Erläut. zu diesen Paragraphen (unten II).

[7]) Verweisung von bürgerlichen Rechtsstreitigkeiten in den Rechtsweg. — Endgültig ist der Beschluß auch in den Fällen §§ 26, 27, 30, nicht aber im Fall des § 20.

[8]) S. die Erläut. zu § 126 a. a. O. (unten II).

§ 25.

9. Weitere Beschwerde. Gegen die Beschlüsse der Spruchkammer[1]), soweit sie nicht endgültig[2]) sind, steht den Beteiligten binnen zwei Wochen die weitere Beschwerde[3]) an das Oberlandeskulturamt zu[4]) [5]).

[1]) Und gegen die Androhung der zu ihrer Durchführung erforderlichen Zwangsmittel: § 133 Abs. 1 LVG. u. A. 1 dazu.

[2]) Vgl. A. 3 zu § 126 LVG. Endgültig sind — abweichend vom § 121 Abs. 2 LVG. — nur die ausdrücklich so bezeichneten Beschlüsse.

[3]) Einlegung bei der Spruchkammer (nicht beim VKA): § 122 LVG.

[4]) Gegen die Entscheidung des OLKA. ist kein weiteres Rechtsmittel gegeben. — Das OLKA. hat nicht nur die

rechtliche, sondern auch die tatsächliche Seite der angefochtenen Entscheidung zu prüfen (Begr. 18). Es kann, braucht aber nicht mündliche Verhandlnng anzuberaumen, auch nicht im Fall eines hierauf gerichteten Antrages (anders die Spruchkammer: § 23 Abs. 1).

5) Abgesehen von der weiteren Beschwerde in den Fällen der §§ 20, 21, 23 vbd. §§ 24, 25, und von dem weiteren Rekurse im Falle des § 31^{2} ist das OLKA. für folgende Angelegenheiten zuständig:

a) zur Entscheidung in erster und letzter Instanz bei Anfechtung endgültiger Beschlüsse der Spruchkammer nach § 126 LVG. (§ 24 Abs. 4);

b) zur Entscheidung in erster und letzter Instanz über den gewerblichen Charakter der auf Mühlen, sonstigen Grundstücken und Abdeckereien haftenden Abgaben (§ 3 G. 11. 3. 1850 GS. 146; § 50 G. 17. 3. 1868 GS. 249; § 1^{5}, § 5 G. 17. 12. 1872 GS. 717 vbd. § 50 G. 17. 3. 1868);

c) zur Entscheidung in zweiter und letzter Instanz auf Beschwerden über die Festsetzung der Normalmarktorte und -Preise durch den BKA. oder die Bezirksregierung (§ 67 AblG. 2. 3. 1850; § 45 AblG. 3. 1. 1873 GS. 3 [Schleswig-Holstein]; s. unten A. 2 zu § 121 LVG.);

d) in Disziplinarsachen als Disziplinargericht erster Instanz bei Dienstvergehen der gewählten Mitglieder der Spruchkammer (§ 6 Abs. 2) und seiner eigenen Mitglieder und sonstigen Beamten mit Ausnahme des Präsidenten (§ 18^{3}, § 65^{1}, § 66 Abs. 2 G. 7. 5. 1851 GS. 218; § 64^{3} G. 21. 7. 1852 GS. 465) [nicht mehr bei Dienstvergehen der Präsidenten und Mitglieder (der GK., jetzt) des LKA.: § 32 Abs. 1];

e) zur Entscheidung auf Beschwerden, für die der LM. zuständig ist, im Falle der Übertragung der Entscheidungsbefugnis durch diesen (§ 2 Abs. 3 G. 18. 2. 1880; § 25 G. 17. 1. 1883 GS. 7; § 25 G. 21. 3. 1887 GS. 61.) Vgl. Begr. 28.

§ 26.

10. Beschwerden gegen Ordnungsstrafen.

Über Beschwerden gegen eine nach §§ 179, 180 des Gerichtsverfassungsgesetzes in Verbindung mit § 101 des Gesetzes, betreffend das Verfahren in Auseinandersetzungsangelegenheiten vom 18. Februar 1880 (Gesetzsamml. S. 59) / 22. September 1899 (Gesetzsamml. S. 284) von dem Vorsteher des Kulturamts [1]) festgesetzte Ordnungsstrafe [2]) beschließt die Spruchkammer [3]) endgültig.

[1]) Der VKA. beschließt auch im Falle des § 23 allein, ohne Mitwirkung der Vertreter der Teilnehmergesamtheit.

[2]) Über den Umfang der dem VKA. zustehenden sitzungspolizeilichen Befugnisse s. A. 1 zu § 17. Die Beschwerde ist unbefristet und hat keine aufschiebende Wirkung (s. § 101 G. 18. 2. 1880, wonach § 183 GVG. keine Anwendung findet); §§ 53, 121 LVG. sind auf sitzungspolizeiliche Entscheidungen nicht anwendbar.

Über den (geringeren) Umfang der sitzungspolizeilichen Befugnisse der Spruchkammer und des OLKA. s. § 72 LVG.

[3]) Früher das OLKG.: § 101 Abs. 3 G. 18. 2. 1880.

§ 27.

Gegen ein von dem Vorsteher des Kulturamts [1]) erlassenes Interimistikum [2]) (§ 36 der Verordnung wegen des Geschäftsbetriebs in den Angelegenheiten der Gemeinheitsteilungen usw. vom 30. Juni 1834, Gesetzsamml. S. 96, in Verbindung mit § 5 der Verordnung, betreffend den Geschäftsgang und Instanzenzug bei den Auseinandersetzungsbehörden, vom 22. November 1844, Gesetzsamml. 1845 S. 19) [3]) findet innerhalb zwei Wochen Beschwerde an die Spruchkammer statt [4]). Der Beschluß der Spruchkammer ist endgültig.

[1]) Die Festsetzung konnte bisher von dem SpK. oder (nach § 76 G. 18. 2. 1880, nicht auch nach § 20 G. 17. 1. 1883) von der GK. getroffen werden. Jetzt ist (nach § 9) nur noch der KA. zuständig.

[2]) Gemeint ist die Zwischenentscheidung, durch die ein „Interimistikum" (ein „interimistischer" Zustand) festgesetzt wird, also die „interimistische Entscheidung" des § 5 V. 22. 11. 1844. Vgl. Holzapfel i. d. ZfLKG. 40 198 f.

[3]) § 27 gilt auch im Falle des (versehentlich nicht erwähnten) § 20 G. 17. 1. 1883 (GS. 7).

[4]) Früher entschied auf Beschwerde gegen Entscheidungen des SpK. die GK., auf Beschwerde gegen erstinstanzliche Entscheidungen der GK. das OLKG. Die Beschwerdeentscheidung war auch im ersteren Falle endgültig.

§ 28.

Bei der Durchführung der von den Landeskulturbehörden[1]) erlassenen Anordnungen und Entscheidungen[2]) finden ausschließlich[3]) die für die Behörden der allgemeinen Landesverwaltung geltenden Vorschriften über die Beitreibung von Geldbeträgen[4]) und über die Erzwingung von Handlungen oder Unterlassungen[5]) sinngemäß Anwendung. Dabei stehen dem Vorsteher des Kulturamts dieselben Befugnisse zu wie dem Landrat, und zwar auch zur Durchführung einer in einem Auseinandersetzungsverfahren vor ihm abgeschlossenen Vereinbarung[2]).

[1]) KA., PräsLKA., Spruchkammer, OLKA., LM. — Die Zwangsvollstreckung selbst gehört zur Zuständigkeit des KA. Im altpreuß. AuseinVerf. stand sie der GK. zu. § 205 V. 20. 6. 1817 bestimmte: „Das Recht der Vollstreckung gebührt der Generalkommission und der von ihr in der Sache beauftragten Spezialkommission, nicht bloß wegen ihrer und der Ent-

scheidungen des Revisionskollegiums, sondern auch der unter ihrer Dazwischenkunft vollzogenen oder von ihr bloß bestätigten Auseinandersetzungsrezesse." Im KonsVerf. im Reg.-Bez. Wiesbaden stand sie teilweise der GK., teilweise dem SpK. zu (§ 13 G. 4. 8. 1904 GS. 191; vgl. Holzapfel, die GesGeb. über d. Güterkons., S. 185 ff). Wegen des Verf. in der Prov. Hannover s. § 119 VerfG. 30. 6. 1842 und § 31 G. 17. 1. 1883 (GS. 7). Jetzt ist die Befugnis zur Zwangsvollstreckung nach § 9 (vgl. auch § 29 Abs. 4 wegen der Kosten) ganz auf den VKA. übergegangen. Es ist anzunehmen, daß dieser sie insbesondere auch außerhalb des Geltungsbereichs des § 205 V. 20. 6. 1817 d. h. in Hannover und bei der Güterkons. im Reg.-Bez. Wiesbaden, sowie in allen Fällen des § 60 LVG. zu verfügen hat, also auch in dem Fall des § 31 [1], wo nach § 60 LVG. nicht er, sondern der Vorsitzende der Spruchkammer als Vorsitzender der Behörde erster Instanz berufen sein würde.

[3]) § 28 regelt die Mittel, nicht die Voraussetzungen der Vollstreckung; vgl. jedoch S. 2. Wann eine Anordnung oder Entscheidung vollstreckbar ist, bestimmt sich nach anderen Vorschriften. Vgl. über Vollstreckung im Beschlußverfahren § 53, § 123 Abs. 6 LVG. und A. 2 zu § 53 a. a. O. Vollstreckbar sind die Festsetzungen der bestätigten Rezesse (§ 169 V. 20. 6. 1817); des Auseinandersetzungsplanes, wenn er durch Genehmigung der Beteiligten festgestellt (vgl. § 28 S. 2) oder wenn seine Ausführung durch Entscheidung angeordnet ist (A. 2 zu § 53 LVG.); der sonstigen vor dem VKA. (oder der Spruchkammer oder dem OLKA.) abgeschlossenen Vereinbarungen (§ 28 S. 2); der Zwischenentscheidungen (interimistischen Entscheidungen: § 27). Ferner die vom VKA. und den höheren Instanzen festgesetzten Ordnungsstrafen (§ 26); die in den Entscheidungen des VKA., der Spruchkammer und des OLKA. enthaltenen Kostenentscheidungen (§ 60 LVG., vgl. § 53 das.); die Neben-, Folgeeinrichtungs- und allgemeinen Re-

gulierungskosten, wenn, was die Regulierungskosten betrifft, ihre wenigstens vorläufige Höhe (§ 7^1 KostG. 24. 6. 1875 (GS. 395) festgesetzt, im übrigen die Kosten in einer Liste verteilt und die Verteilungsliste mit dem Festsetzungsvermerk des BKA. versehen ist. Vgl. § 1^7 V. 24. 11. 1843 GS. 351 (Rheinprovinz); § 1^8 V. 30. 6. 1845 GS. 444 (Westfalen); § 1^8 V. 30. 7. 1853 GS. 909 (östliche Provinzen); § 1^7 V. 1. 2. 1858 GS. 85 (Neuvorpommern und Rügen); § 1^5 V. 22. 9. 1867 GS. 1553 (neue Provinzen).

[3]) Die bisherigen Vorschriften der ZPO. und des G. 18. 2. 1880 (vgl. auch § 119 HannVerfG. 30. 6. 1842) treten außer Kraft (Begr. 28).

[4]) Hierfür gilt die V. 15. 11. 1899 (GS. 545) über das VerwZwangsVerf., für die Kriegszeit abgeändert durch KriegsV. 11. 2. 1918 (GS. 8). Vgl. auch § 60 Abs. 1 LVG.

[5]) §§ 132, 133 LVG.

III. Kosten.

§ 29.

(1) Bis zu einer anderweiten Regelung des Kostenwesens in Auseinandersetzungssachen gelten die folgenden Vorschriften [1]).

(2) Für die Entscheidung über die Beschwerde und die weitere Beschwerde [2]) werden Kosten des Verfahrens nicht erhoben, ebensowenig haben die Beteiligten Anspruch auf Ersatz ihrer baren Auslagen [3]).

(3) Jedoch können die durch Anträge oder unbegründete Einwendungen erwachsenen baren Auslagen des Verfahrens [4]) demjenigen zur Last gelegt werden, der den Antrag gestellt oder den Einwand erhoben hat [5]).

(4) Im übrigen bewendet es bei den Vorschriften des Gesetzes über das Kostenwesen in Auseinandersetzungs-

sachen vom 24. Juni 1875 (Gesetzsamml. S. 395)[6]) mit der Maßgabe, daß der Vorsteher des Kulturamts die Kosten anzuweisen und einzuziehen hat[7]).

[1]) Die folgenden Vorschriften gelten nicht für die Neben- und Folgeeinrichtungskosten, sondern nur für die im G. 24. 6. 1875 geregelten Kosten.

[2]) Beschwerde: §§ 20, 24, 26, 27, 30, 31 [1]; weitere Beschwerde: §§ 25, 31 [2]. — Die Entscheidungen des LKA., die nach Begr. 25 „im Regulierungsverfahren" ergehen, sind ebenfalls kostenfrei.

[3]) Für Reisen, Vertretung bei den Verhandlungen usw. Noch weniger können sie Vergütung für Zeitversäumnis verlangen.

[4]) Die der Staatskasse erwachsen sind.

[5]) Ähnlich: § 124 Abs. 2 LVG., wo jedoch nur Zeugen- und Sachverständigengebühren erwähnt werden. Hier kommen außerdem die Reisekosten der Beamten in Betracht (Begr. 29). Für die Entschädigung der vernommenen Zeugen- und Sachverständigen gelten die Vorschriften § 14 KostG. 24. 6. 1875, § 44 G. 18. 2. 1880 auch in den höheren Instanzen. — Die durch Anträge erwachsenen Kosten werden dem Antragsteller nur dann auferlegt werden dürfen, wenn sich herausstellt, daß die beantragte Maßnahme (Beweisaufnahme usw.) die Sache nicht gefördert oder die Behauptungen des Antragstellers nicht erwiesen hat. Ein Zwang zur Auferlegung besteht aber auch in solchen Fällen nicht.

Die Erstattungspflicht ist in der Entscheidung auszusprechen. Der zu erstattende Betrag braucht dabei nicht beziffert zu werden. Anfechtung der Kostenentscheidung: A. 1 zu § 24.

[6]) Aufgehoben (durch Abs. 2, 3) ist § 4 und der die Prozeßkosten betr. Teil des § 7 (Nr. 2—4) des KostG. 26. 6. 1875.

[7]) Anweisung und Einziehung der Kosten war bisher Sache der GK. — Festsetzung der Pauschsätze für die Regulierungskosten: bei Dienstbarkeitsablösungen, Gemeinheitsteilungen, Umlegungen und Rentengutsbegründungen: § 16 II [8]. Die übrigen Pauschsätze (§ 2 [1 4 5 6] KostG. 24. 6. 1875) setzt der VKA. selbständig (ohne Rückfrage beim PräsLKA.) fest. Gleiches gilt von der Erhebung von Vorschüssen (§ 7 KostG.). Doch wird der VKA. hier in den Fällen, in denen die endgültige Festsetzung des Pauschsatzes der Genehmigung des PräsLKA. bedarf (§ 16 II [8]), diesen vorher befragen müssen, um das richtige Verhältnis zwischen Vorschuß und (endgültigem) Pauschsatz bestimmen zu können. Auch die Befugnis zur Stundung und Niederschlagung von Kosten ist auf den VKA. übergegangen (§ 9). Doch hat die Niederschlagungsbefugnis (wegen § 29 Abs. 2, 3) für die Kosten bei Streitigkeiten keine Bedeutung mehr. Hinsichtlich der Niederschlagung der Kosten bei der „Regulierung" vgl. Glatzel-Sterneberg-Pelzer S. 603 (A. 2 zu § 1015), über Stundung von Kosten: das. (§ 1016 und A. dazu).

IV. Vorschriften für einzelne Landesteile.

§ 30.

(1) Im Geltungsbereiche des Gesetzes, betreffend Änderung von Vorschriften über das Konsolidationsverfahren usw. im Regierungsbezirk Wiesbaden vom 4. August 1904 (Gesetzsamml. S. 191)[1]) ist die Spruchkammer[2]) zuständig zur Entscheidung: 1. Güterkonsolidation im Reg.-Bez. Wiesbaden

1. auf Beschwerden gegen die Entscheidung des Vorstehers des Kulturamts über die Vollstreckbarkeitserklärung nach § 6 des Gesetzes vom 4. August 1904[3]),

2. auf Ausführungsbeschwerden nach § 12 des Gesetzes vom 4. August 1904[4]).

(2) Die Entscheidungen der Spruchkammer in diesen Fällen sind endgültig[5]).

[1]) Über das KonsVerf. s. Holzapfel, die Gesetzgebung über die Güterkons. im Reg.=Bez. Wiesbaden (2).

[2]) Bisher die GK.

[3]) Für die zweiwöchige Beschwerdefrist gelten die bisherigen Vorschriften (§ 6 Abs. 3 G. 4. 8. 1904 GS. 191). Sie beginnt also mit dem Tage der öffentlichen Bekanntmachung durch Anschlag an der Gemeindetafel oder mit dem (späteren) Tage der Zustellung an den KonsVorstand.

[4]) Die Frist zur Einlegung der Beschwerde beginnt mit der Zustellung der Entscheidung des VKA.

[5]) Wie bisher die Entscheidung der GK.

§ 31.

2. Provinz Hannover.

Im Geltungsbereiche des Hannoverschen Gesetzes vom 30. Juni 1842 über das Verfahren in Gemeinheitsteilungs- und Verkoppelungssachen[1]) ist die Spruchkammer zuständig

1. zur Entscheidung über die Stattnehmigkeit des Verfahrens nach § 65 des Hannoverschen Verfahrensgesetzes vom 30. Juni 1842[2]). Gegen diese Entscheidnng steht den Beteiligten innerhalb vier Wochen von der Zustellung der Entscheidung an gerechnet[3]) die Beschwerde an den Minister für Landwirtschaft, Domänen und Forsten zu[4]);
2. zur Entscheidung über Beschwerden gegen entscheidende Verfügungen des Ablösungskommissars nach §§ 315 bis 317 der Hannoverschen Ablösungsordnung vom 23. Juli 1833[5]). Für den

weiteren Rekurs gegen diese Entscheidung ist das Oberlandeskulturamt zuständig[6]).

[1]) Die Vorschriften sind zusammengestellt bei Walbaum, das Verf. in Teilungs- und Verkoppelungssachen usw. (2) Hannover 1890.

[2]) Die Entscheidung stand früher (der Landdrostei, dann) der GK. zu; vgl. § 1 V. 16. 8. 1867 (GS. 1522). Die Übertragung auf die Spruchkammer bedeutet eine sachlich nicht gerechtfertigte Abweichung von § 1 Abs. 4, §§ 9, 21, wonach Zulässigkeitsstreitigkeiten vom KVA. zu entscheiden sind.

[3]) Die ohne inneren Grund auf vier statt zwei Wochen bemessenen Frist entspricht der bisherigen Berufungsfrist des Verf. in der Prov. Hannover (§ 24 G. 17. 1. 1883 GS. 7). Über den Beginn des Fristlaufs mit der Zustellung s. auch A. 2 zu § 24.

[4]) Die Entscheidung über die Berufung gehörte bisher zur Zuständigkeit des OLKG. (§ 133 HannVerfG. 30. 6. 1842 § 3 Abs. 2 V. 16. 8. 1867). Außerhalb der Prov. Hannover gehört die weitere Beschwerde in Zulässigkeitsstreitigkeiten auch jetzt noch zur Zuständigkeit des OLKA. S. A. 2.

[5]) Die Reallastablösungen in der Prov. Hannover werden nicht von Spezialkommissaren, sondern von selbständigen Ablösungskommissionen (§ 242 HannAblO. 23. 7. 1833) bearbeitet. In zweiter Instanz war die Landdrostei (§ 264 a. a. O.), später die GK. (§ 1 V. 16. 8. 1867), in dritter Instanz eine besondere Abteilung des Ministeriums d. J. (§ 266 a. a. O. vbd. HannMinBek. 12. 10. 1833 und Hann. G. 28. 12. 1850), später das RevKoll. und das OLKG. (§ 3 V. 16. 8. 1867) zuständig.

Gegen entscheidende Verfügungen der Ablösungskommission läßt § 315 HannAblO. „binnen einer unerstreckbaren Frist von zwanzig Tagen, von der im Termin geschehenen Eröffnung oder bei nicht mündlich eröffneten Verfügungen von deren Zustellung an gerechnet", den Rekurs an die GK. zu; der Rekurs muß innerhalb sechs Wochen vom Beginn der

Rekursfrist an gerechtfertigt werden. Der gegen die Entscheidung der GK. zulässige (weitere) Rekurs an das OLKG. war an die gleichen Bedingungen geknüpft (§§ 318, 319 HannAblO.). An diesen Vorschriften wird durch § 31 [2] nur so viel geändert, daß an die Stelle der GK. in zweiter Instanz die Spruchkammer, an die Stelle des OLKG. in dritter Instanz das OLKA. tritt. Dagegen bleibt das Verfahren völlig unberührt. Denn wenn auch das AblösVerf. in der Provinz Hannover seinem Wesen nach ein AuseinVerf. ist, so fällt es doch nicht unter die Vorschriften des OrgG., das grundsätzlich nur die zur Zuständigkeit der GK. gehörigen Auseinandersetzungen ordnet. Von dem AblösVerf. gilt also dasselbe, wie von dem Verfahren der Anerbenkommissionen in der Provinz Westfalen; s. A. 2 zu § 121 LVG.

V. Schluß- und Übergangsvorschriften.

§ 32.

1. Verabschiedung von Beamten. (1) Die auf die Präsidenten und Mitglieder der Generalkommissionen sich beziehenden Vorschriften des Gesetzes, betreffend die Dienstvergehen der Richter usw., vom 7. Mai 1851 (Gesetzsamml. S. 218) treten außer Kraft [1]).

(2) Präsidenten und Mitglieder der Generalkommissionen und des Oberlandeskulturgerichts, die beim Inkrafttreten dieses Gesetzes das 65. Lebensjahr vollendet haben, können in den einstweiligen Ruhestand versetzt werden, ohne daß es des Nachweises der dauernden Unfähigkeit zur Erfüllung ihrer Amtspflichten bedarf [2]). Sie erhalten in diesem Falle während eines Zeitraumes von 5 Jahren ihr bisheriges Diensteinkommen einschließlich des Wohnungsgeldzuschusses unverkürzt [3]).

(3) In dem Falle des Abs. 2 wird der Beamte nach Ablauf eines Zeitraumes von 5 Jahren mit drei Vierteln

seines ruhegehaltsfähigen Diensteinkommens in den Ruhestand versetzt.

(4) Das Witwen- und Waisengeld für die Hinterbliebenen der in Abs. 2 bezeichneten Beamten wird in jedem Falle unter Zugrundelegung einer Pension von drei Vierteln des pensionsfähigen Diensteinkommens gewährt[4]).

(5) Als Verkürzung im Einkommen ist es nicht anzusehen, wenn die Gelegenheit zur Verwaltung von Nebenämtern entzogen wird, oder der Bezug der für die Dienstunkosten besonders ausgesetzten Einnahmen mit diesen Unkosten selbst wegfällt[5])[6]).

[1]) Auf die genannten Beamten findet also nunmehr das G. betr. die Dienstvergehen der nichtrichterlichen Beamten vom 21. 7. 1852 (GS. 465) Anwendung. Sie können daher im Interesse des Dienstes versetzt werden (§ 87 [1] a. a. O.). Ihre Versetzung in den einstweiligen Ruhestand (§ 87 [2] a. a. O.) ist dagegen nicht zulässig, und ihre Versetzung in den (endgültigen) Ruhestand — abgesehen von dem Fall des Disziplinarverfahrens — nur bei Dienstunfähigkeit oder nach Vollendung des 65. Lebensjahres nach Einleitung eines besonderen Verfahrens statthaft: §§ 88 ff. a. a. O., § 30 PensG. 27. 3. 1872 (GS. 268) in der Fassung des G. 31. 3 1882 (GS. 133).

[2]) Die Begr. 30, 31 weist darauf hin, daß das vorliegende G. eine Organisationsänderung i. S. des § 51 G. 7. 5. 1851 (GS. 218) und des Art. 87 Abs. 3 VerfassUrk. durchführe, weshalb eine Versetzung der bisherigen richterlichen Beamten auf eine andere Stelle ohne weiteres zulässig gewesen wäre. Das G. geht aber, ähnlich wie das G. 24. 7. 1909 (GS. 637) über die Aufhebung der KG. zu Bromberg, hierüber hinaus. — Die Versetzung in den Ruhestand verfügt der LM.

[3]) Ähnlich: § 3 Abs. 1 G. 24. 7. 1909. — An etwaigen allgemeinen Gehaltserhöhungen nehmen sie nicht teil.

Ebenso erhalten sie nicht ohne weiteres die den Beamten im Dienst zukommenden Teuerungszulagen. Nach einer Erklärung des Vertreters des FM. bei der Ausschußberatung werden Teuerungszulagen nur im Falle der Bedürftigkeit und nur in Höhe von 50 bis 100 v. H. durch die „Zentralbehörde" — hier den LM. — bewilligt. Doch hat der Haushaltsausschuß der LVers. eine Entschließung gefaßt, wonach die Kriegsbeihilfen möglichst bis zum Höchstsatze gewährt werden sollen (AusschBer. S. 45, 46). — Sucht ein 65jähriger Beamter, der nicht nach Abs. 2 in den Ruhestand versetzt werden soll, auf Grund des § 1 Abs. 3 S. 2 G. 27. 3. 1872 (GS. 268) seine Versetzung in den Ruhestand nach, so erhält er lediglich das gesetzliche Ruhegehalt, nicht die Bezüge nach Abs. 2 (AusschBer. S. 44, 45).

[4]) Also auch dann, wenn der Beamte z. B. seines Todes das höchste Ruhegehalt von drei Viertel (§ 8 G. 27. 3. 1872 GS. 268 in der Fassung des Art. II G 27. 5. 1907 GS. 157) noch nicht erdient hat. Vgl. auch § 3 Abs. 2 G. 24 7. 1909.

[5]) Ebenso: § 3 Abs. 3 G. 24. 7. 1909 sowie § 87[1] Abs. 2 G. 21. 7. 1852 (GS. 465).

[6]) Für die nicht im Abs. 2 erwähnten (nicht richterlichen) Beamten der AuseinBeh. gilt G. 26. 2. 1919 (GS. 33), dessen § 1 bestimmt:

Unmittelbare Staatsbeamte, die in der Staatsverwaltung nicht weiter verwendet werden können, weil das von ihnen verwaltete Amt infolge einer Umbildung der Staatsbehörden aufhört, können unter Bewilligung des gesetzlichen Wartegeldes einstweilen in den Ruhestand versetzt werden.

Sie erhalten als Wartegeld während eines Zeitraums von fünf Jahren den vollen Betrag, nach Ablauf des fünfjährigen Zeitraums aber drei Viertel ihres ruhegehaltsfähigen Diensteinkommens. Dabei wird der Wohnungsgeldzuschuß, solange die Beamten als Wartegeld den vollen Betrag des ruhegehaltsfähigen Diensteinkommens beziehen, nicht mit dem Durchschnittssatze, sondern nach der Ortsklasse ihres bisherigen dienstlichen Wohnorts in Ansatz gebracht.

§ 2 handelt von den mit Vorbehalt der Kündigung oder des Widerrufs angestellten Beamten. Nach § 12 wird die einstweilige Versetzung in den Ruhestand durch den Verwaltungschef ausgesprochen.

§ 33.

2. Inkrafttreten des Gesetzes. — Anhängige Sachen.

(1) Dieses Gesetz tritt am 1. Oktober 1919 in Kraft. Die Staatsregierung ist ermächtigt, es ganz oder teilweise zu einem früheren Zeitpunkt in Kraft zu setzen. Die Ausführung erfolgt durch die zuständigen Minister [1].

(2) Die beim Inkrafttreten dieses Gesetzes anhängigen Streitigkeiten werden nach den seitherigen Vorschriften zu Ende geführt. Dabei tritt an die Stelle der Generalkommission die Spruchkammer [2].

[1]) LM. und FM.

[2]) Streitigkeiten sind „anhängig", wenn in ihre Verhandlung („Instruktion") eingetreten ist. Eine Entscheidung (Beweisbeschluß, Urteil usw.) braucht noch nicht erlassen zu sein. — Ein Unterschied zwischen bürgerlichen Rechtsstreitigkeiten i. S. des § 1 Abs 5 und anderen Streitigkeiten wird in Abs. 2 nicht gemacht. Die Spruchkammer hat daher auch über bürgerliche Rechtsstreitigkeiten zu entscheiden. Auf die Berufung gegen ihre Entscheidung entscheidet das OLKA., auf die Revision gegen dessen Entscheidung das Reichsgericht.

II.

Gesetz über die allgemeine Landesverwaltung.

Vom 30. Juli 1883 (GS. S. 195).

Dritter Titel.

Verfahren [1]).

[1]) Die Vorschriften des LVG. über das Verfahren finden auf das Verf. der Spruchkammer und des OLKA. nach § 17 OrgG. Anwendung. Zu diesen Vorschriften gehören die „Allgemeinen Vorschriften" über das Verfahren (§§ 50 bis 60), die Vorschriften über das Verwaltungsstreitverfahren (§§ 61—114) und die über das Beschlußverfahren (§§ 115—126).

Die Vorschriften über das Verwaltungsstreitverfahren in ihrer Gesamtheit finden nur in dem einen Falle des § 126 LVG. Anwendung. Von ihrem vollständigen Abdruck ist daher abgesehen. Es sind nur diejenigen §§ abgedruckt, die nach den Vorschriften des OrgG. (§ 24 Abs. 2) oder nach denen des LVG. über das Beschlußverfahren (§ 119, Abs. 3, § 120 LVG.) auch für dieses gelten. Auch von den allgemeinen Vorschriften kommen einige Paragraphen nicht in Betracht und sind deshalb fortgelassen.

Bei der sinngemäßen Anwendung der Vorschriften des LVG. ist im allgemeinen davon auszugehen, daß im AuseinVerf. an die Stelle des Kreisausschusses der VKA., an die Stelle des Bezirksausschusses die Spruchkammer, an die Stelle des Provinzialrates oder des OVG. das OLKA. tritt. Vgl. im übrigen die nachfolgenden Erläuterungen.

Durch Art. I KriegsG. 13. 5. 1918 (GS. 53) sind einige Vorschriften über das Verfahren geändert. Die Änderungen treten mit dem Ablauf von zwei Jahren, nachdem der Kriegszustand durch „Kaiserliche" Verordnung für beendigt erklärt ist, wieder außer Kraft, können jedoch durch „Königliche" Verordnung schon früher außer Kraft gesetzt werden (Art. 13 Abs. 3 a. a. O.). Sie sind unten in A. zu den betreffenden Paragraphen des LVG. angegeben.

Außer den Vorschriften des LVG. sind nach § 17 OrgG. „die übrigen für die Bearbeitung der Angelegenheiten der allgemeinen Landesverwaltung ergangenen gesetzlichen Vorschriften" anzuwenden. Hierher gehören insbesondere: die Instruktion zur Geschäftsführung der Regierungen usw. vom 23. 10. 1817 (GS. 248), die V. betr. eine Änderung in der bisherigen Organisation der Provinzial=Verwaltungs=Behörden vom 31. 12. 1825 (GS. 1826 S. 5), die Instrukt. für die Oberpräsidenten vom 31. 12. 1825 (GS. 1826 S. 1), das G. betr. die Geschäftssprache der Behörden usw. vom 28. 8. 1876 (GS. 389). Diese Vorschriften sind nicht mit abgedruckt.

Nicht anwendbar (auf das OLKA.) sind die gesetzlichen Vorschriften über die Einrichtung des OVG. und den Geschäftsgang bei diesem (§§ 17—30a G. 2. 8. 1880 GS. 328; G. 27. 5. 1888 GS. 226; G. 8. 5. 1889 GS. 107). In dieser Beziehung gelten vielmehr für das OLKA neben § 2 OrgG. und den bisherigen Vorschriften (§§ 33 bis 37, 39 V. 30. 6. 1817, §§ 8—13 V. 22. 11. 1844 [GS. 19] sowie Glatzel=Sterneberg=Peltzer S. 67—70) die Bestimmungen der GeschO. f. d. OLKA. (unten IV).

Erster Abschnitt.

Allgemeine Vorschriften.

§ 50.

1. Anfechtung von Entscheidungen im allgemeinen.

(1) Das Gesetz bestimmt, in welcher Weise Verfügungen (Bescheide, Beschlüsse) in Verwaltungssachen[1]) angefochten werden können. Zur ersten Anfechtung dienen in der Regel die Beschwerde oder die Klage im Verwaltungsstreitverfahren[2]).

(2) Die Beschwerde ist ausgeschlossen, soweit das Verwaltungsstreitverfahren zugelassen ist, vorbehaltlich abweichender besonderer Bestimmungen des Gesetzes[3]).

(3) Unberührt bleibt in allen Fällen die Befugnis der staatlichen Aufsichtsbehörden, innerhalb ihrer gesetzlichen Zuständigkeit Verfügungen und Anordnungen der nachgeordneten Behörden außer Kraft zu setzen, oder diese Behörden mit Anweisungen zu versehen[4]).

[1]) Was „Verwaltungssachen" mit gesetzlich geordnetem Instanzenzuge im Gegensatz zu Aufsichtssachen i. S. von Abs. 3 sind, ist, abgesehen von den Vorschriften des OrgG., nach den bisherigen Auseinandersetzungsvorschriften und der bisher üblichen Art ihrer Handhabung zu beurteilen. Von Wichtigkeit ist dabei, daß die Ministerialinstanz ursprünglich nicht nur Aufsichts-, sondern auch (letzte) Rechtsmittelinstanz war und daß die Zuständigkeit (des RevKoll. für LKSachen, später) des OLKG. nur allmählich erweitert worden ist; vgl. § 173 V. 20. 6. 1817; §§ 19, 22 AusfG. 7. 6. 1821 (GS. 83), §§ 45—51 V. 30. 6. 1834; §§ 14, 15 V. 22. 11. 1844 (GS. 1845 S. 19). Infolgedessen wurden nach der bisherigen Übung manche Angelegenheiten, die an sich kein Gegenstand der Dienstaufsicht sind, gleichwohl im Aufsichtswege, letztinstanzlich also durch den LM., erledigt. Es ist nicht die Absicht des OrgG. gewesen, hierin mehr zu ändern, als seine Vorschriften

ergeben. Dementsprechend sind insbesondere folgende Angelegenheiten im Aufsichtswege, also bei Beschwerden über Verfügungen des VKA. durch den PräsLKA., bei Beschwerden gegen dessen Verfügungen durch den LM. zu erledigen: Beschwerden

a) über das Verfahren des VKA. im sog. Regulierungs-Verfahren. Im Streitverfahren hingegen gilt § 125 LVG.;

b) über die Ablehnung des Antrags auf Erteilung eines Unschädlichkeitszeugnisses (A. 1f. zu § 9 OrgG);

c) über die Ablehnung des Antrags auf Einsetzung eines Verwalters oder Vertreters nach § 1, § 3 Abs. 1 G. 2. 4. 1887 (GS. 105) und des Antrags auf Bewilligung einer Entschädigung für ihn nach § 11 das.;

d) über die Ablehnung des Antrags auf Eintragung in die Landgüterrolle (A. 1l zu § 9 OrgG.);

e) über die Versagung der Genehmigung zur Zerteilung oder zur Aufhebung der wirtschaftlichen Selbständigkeit eines Rentenguts nach § 4 G. 7. 7. 1891 (GS. 279) sowie zur Ablösung der auf einem Rentengut haftenden Rentenbankrente nach § 5[4] das.;

f) über die Versagung der Genehmigung zur Zerteilung oder Veräußerung eines Anerbenguts oder zur Übertragung von Gutsteilen ohne Mitübertragung der Anerbengutseigenschaft, und zur Übernahme der Erbabfindungsrente auf die Rentenbank (§§ 7, 8, 24 G. 8. 6. 1896 GS. 124).

[2]) Als Mittel zur „ersten Anfechtung" kommt das VerwStrVerf. nicht in Betracht; vgl. jedoch § 126 LVG.

[3]) S. § 54 LVG., auch A. 2 zu § 17 OrgG.

[4]) S.-A. 1 und § 12 OrgG. Der PräsLKA. kann dem VKA. auch mit Bezug auf Streitigkeiten (§ 21 OrgG.) Anweisungen erteilen. Er kann aber so wenig wie der LM. in den gesetzlich geordneten Instanzenzug an die Spruchkammer und das OLKA. eingreifen, z. B. nicht in dem Falle § 67

AblG. 2. 3. 1850 (Festsetzung der Normalmarktorte und -Preise durch den BKA., Rekurs an das OLKA.; s. A. 2. zu § 121 LVG.). Auch in den Fällen §§ 22, 25 G. 13. 5. 1879 (GS. 367: Feststellung des Vorrechts der Landeskulturrenten und Entscheidung über die Zweckmäßigkeit der Ausführung der Drainanlage) kann der PräsLKA. oder der LM. die Entscheidung des BKA. nicht ändern, hier aber nicht lediglich deshalb, weil das Gesetz sie (den Parteien gegenüber) für unanfechtbar erklärt, sondern zugleich, weil durch die Entscheidung „subjektive" Rechte begründet werden (OVG. 33 232).

Wo der BKA. nach gesetzlicher Vorschrift mit richterlicher Unabhängigkeit entscheidet (§§ 20—23 OrgG.), kann er nicht angewiesen werden, wie er entscheiden soll. Gleiches wird auch in dem Fall § 27 OrgG. („interimistische Entscheidung") anzunehmen sein. Dagegen kann er angewiesen werden, eine Entscheidung in einem bestimmten Falle zu erlassen. Auch muß er, wo die vorgesetzte Behörde eine nur ihr zustehende Vorentscheidung getroffen hat, diese beachten; bei Beschwerden der AuseinTeilnehmer über einen vom PräsLKA. landespolizeilich genehmigten öffentlichen Weg kann er daher nicht aus eigenem Recht auf Verlegung oder Einziehung des Weges, sondern nur auf Entschädigung erkennen. Ist er hingegen vom PräsLKA. angewiesen, einen AuseinTeilnehmer beim Entwurf des AuseinPlans in einer bestimmten Weise abzufinden, so bindet ihn diese Anweisung nicht bei der Entscheidung des Planstreites. — Die Entscheidungen der Spruchkammer und des OLKA. sind der Einwirkung der Dienstaufsichtsbehörde unter allen Umständen entzogen; vgl. §§ 79, 120 LVG. sowie OVG. 69 81.

§ 51.

3. Berechnung der Beschwerdefrist. Wiedereinsetzung in den vorigen Stand.

Wo die Gesetze für die Anbringung der Beschwerde gegen Beschlüsse des Kreis- (Stadt-) Ausschusses, des Bezirksausschusses oder des Provinzialrats, oder der Klage bzw. des Antrags auf mündliche Verhandlung im Verwaltungsstreitverfahren eine andere als eine zweiwöchentliche Frist vorschreiben, beträgt die Frist fortan zwei Wochen. Das gleiche gilt von den im § 11 des Gesetzes vom 14. August 1876, betr. die Verwaltung der den Gemeinden und öffentlichen Anstalten gehörigen Holzungen in den Provinzen Preußen, Brandenburg, Pommern, Posen, Schlesien und Sachsen (GS. S. 373) und im § 91 des Gesetzes vom 1. April 1879, betr. die Bildung von Wassergenossenschaften (GS. S. 297) vorgeschriebenen Fristen [1]).

[1]) § 51 ist eine Übergangsvorschrift zum LVG. und kommt für das Verf. der LKBeh. nicht in Betracht.

§ 52.

(1) Die Fristen für die Anbringung der Beschwerde und der Klage bzw. des Antrags auf mündliche Verhandlung im Verwaltungsstreitverfahren [1]), sowie alle Fristen im Verwaltungsstreitverfahren sind präklusivisch und beginnen, sofern nicht die Gesetze anderes vorschreiben, mit der Zustellung [2]). Für die Berechnung der Fristen sind die bürgerlichen Prozeßgesetze maßgebend [3]).

(2) Bezüglich der Beschwerde kann die angerufene Behörde in Fällen unverschuldeter Fristversäumung Wiedereinsetzung in den vorigen Stand gewähren [4]).

(3) Für eine im Verwaltungsstreitverfahren zu gewährende Wiedereinsetzung in den vorigen Stand sind lediglich die für das Verwaltungsstreitverfahren besonders getroffenen Bestimmungen maßgebend (§ 112) [1]).

[1]) Die allein in Betracht kommende Klage des § 126 ist unbefristet.

[2]) Die Zustellung erfolgt nach den Vorschriften der

AuseinGesetze; s. die Zusammenstellung bei Glatzel-Sterneberg-Pelzer §§ 103ff. Für das Verfahren des VKA. folgt dies aus § 17 Abs. 1 OrgG., für die höheren Instanzen ist es durch § 21 GeschO. f. d. Spruchkammern und § 11 GeschO. f. d. OLKA bestimmt. Die höheren Instanzen (Spruchkammer und OLKA.) haben für die Zustellung ihrer Ladungen und Entscheidungen selbst zu sorgen (vgl. früher: §§ 65, 74 G. 18. 2. 1880).

Ausdrücklich anerkannt als Voraussetzung für den Beginn der Beschwerdefrist ist die (förmliche) Zustellung im § 31 [1] OrgG. Ferner im § 10 Abs. 2 G. 2. 4. 1887 (GS. 105); vgl. § 20 OrgG., der die gleichen Fälle betrifft. § 21 OrgG. (Entscheidung von Streitigkeiten durch den VKA.) schreibt die (förmliche) Zustellung ausdrücklich vor; auch damit ist anerkannt, daß nur sie die Rechtsmittelfrist in Lauf setzt. Dasselbe wird aber auch für die Beschwerde gegen die Verweisung bürgerlich-rechtlicher Streitigkeiten in den Rechtsweg (§ 22 OrgG.) und gegen „interimistische" Entscheidungen (§ 27 das.) sowie für die weitere Beschwerde gegen Entscheidungen der Spruchkammer (§ 24) zu gelten haben. — Sitzungspolizeiliche Entscheidungen, insbesondere Bestrafungen (§ 26 OrgG.), werden dem Betroffenen nur zugestellt, wenn er sich vor ihrem Erlaß entfernt hat (KG. J. 7 259; OLG. 2 16); im übrigen werden sie nur mündlich eröffnet. Nach § 183 GVG. beginnt die Beschwerdefrist mit der „Bekanntmachung" zu laufen, es genügt also die mündliche Eröffnung. Dies gilt auch in dem Verf. vor der LKBeh. Auch in anderen Fällen, in denen keine (förmliche) Zustellung — sei es ausdrücklich, sei es stillschweigend — vorgeschrieben ist, wird die Frist durch (formlose) Bekanntgabe der Entscheidung in Lauf gesetzt; vgl. OVG. 17 441, 46 404. — Wegen der Prov. Hannover s. A. 2 zu § 24 OrgG., wegen der in § 30 das. bezeichneten Entscheidungen A. 3, 4 dazu. S. ferner A. 2 zu § 21. — Die Beweispflicht für die Zustellung trifft den, der aus ihr Rechte ableitet, also regelmäßig die Behörde: OVG. **5** 261, **26** 438, **35** 445, **57** 480.

³) §§ 187ff. BGB. vbd. § 222 ZPO. (die Vorschriften werden hier nicht abgedruckt).

⁴) Die bisherigen Vorschriften über WidvSt. gegen den Ablauf von Rechtsmittelfristen (§§ 32, 33 G. 18. 8. 1880 vbd. §§ 230ff. ZPO.; §§ 43, 44, 130 HannVerfG. 30. 6. 1842) sind, als das Verfahren zweiter Instanz betreffend (A. 4 zu § 17 OrgG.), beseitigt. Aufrecht erhalten sind jedoch die Vorschriften des HannVerfG. insofern, als sie WidvSt. gegen die mit der Versäumung von Terminen verknüpfte Ausschlußwirkung gewähren. Bei der Güterkons. im Reg.-Bez. Wiesbaden ist hier WidvSt. nicht zugelassen (ZfLKGG. **39** 74). Ebenso nicht in den Fällen AllgLR. I 20 § 465 vbd. § 150 GTO. 7. 6. 1821 und § 1 G. 29. 6. 1835 (GS. 135); § 7 Abs. 4 G. 25. 3. 1889 (GS. 65); §§ 26, 27 V. 30. 6. 1834. Vgl. auch Art. 89 ³ AGBGB.

Unverschuldete Fristversäumnis kann vorliegen, auch wenn die (strengeren) Voraussetzungen §§ 233, 235 ZPO., § 112 LVG. (s. Abs. 8 des § 52 LVG.) nicht gegeben sind. — Erteilung der WidvSt. ohne (ausdrücklichen) Antrag und stillschweigend: OVG **21** 244, **26** 254, **30** 294, **35** 138, **40** 441, **49** 157, **54** 309; PrVBl. **22** 281, **24** 98, **25** 886. — Angerufene Behörde ist die, der die sachliche Entscheidung auf das Rechtsmittel zusteht, also wenn sich die Beschwerde gegen einen Beschluß des BKA. richtet, die Spruchkammer, bei Beschwerden gegen Entscheidungen der Spruchkammer das OLKA. Wird ein Wiedereinsetzungsgesuch gleichzeitig mit der (verspäteten) Beschwerde eingereicht, so wird der Vorsitzende der Behörde, gegen deren Beschluß die Beschwerde gerichtet ist (§ 122 Abs. 2 LVG.), das Rechtsmittel nicht zurückzuweisen, sondern der ‚angerufenen' Behörde zur Entscheidung vorzulegen haben. Im übrigen ist die WidvSt. mit der Beschwerde gegen den (abweisenden)

Bescheid des Vorsitzenden zu betreiben. — Unwiderruflichkeit der WidvSt.: PrVBl. 34 754.

§ 53.

4. Aufschiebende Wirkung d. Beschwerde.

Die Anbringung der Beschwerde sowie der Klage bzw. des Antrags auf mündliche Verhandlung im Verwaltungsstreitverfahren[1]) hat, sofern nicht die Gesetze anderes vorschreiben, aufschiebende Wirkung. Verfügungen, Bescheide und Beschlüsse können jedoch, auch wenn dieselben mit der Beschwerde oder mit der Klage bzw. dem Antrag auf mündliche Verhandlung im Verwaltungsstreitverfahren[1]) angefochten sind, zur Ausführung gebracht werden, sofern letztere nach dem Ermessen der Behörde ohne Nachteil für das Gemeinwesen nicht ausgesetzt bleiben kann[2]), vorbehaltlich der Bestimmung im § 133 Abs. 3 dieses Gesetzes[3]).

[1]) § 126 LVG.

[2]) Die Vorschriften über die Ausführung des AuseinPlans bleiben in Kraft u. z. auch in dem Fall, daß die auf Ausführung lautende Entscheidung (der GK. jetzt) des LKA. mit einem Rechtsmittel angefochten wird (§ 6 V. 22. 11. 1844; § 21 G. 17. 1. 1883; § 6 Abs. 3 S. 3 G. 4. 8. 1904, GS. 191); sie entsprechen übrigens dem Wesen nach dem Satz 2 des § 53. Vgl. ferner § 10 Abs. 2 G. 2. 4. 1887 (GS. 105: aufschiebende Wirkung der Beschwerde gegen Beschlüsse nach § 7 das.).

[3]) Stets aufschiebende Wirkung der Beschwerde gegen Verhängung der Haftstrafe. Ebenso im Falle des § 128 Abs. 6 LVG. (Einlegung der Beschwerde durch den Vorsitzenden). Vgl. andererseits: A. 1 zu § 26 OrgG. (keine aufschiebende Wirkung der Beschwerde gegen Ordnungsstrafen des LKA).

§ 54.

(1) Das Verfahren des Kreis- (Stadt-) Ausschusses und des Bezirksausschusses in Angelegenheiten der allgemeinen Landesverwaltung ist entweder das Verwaltungsstreitverfahren oder das Beschlußverfahren. 5. Beschlußverfahren und Verwaltungsstreitverfahren.

(2) Das Verwaltungsstreitverfahren tritt in allen Angelegenheiten ein, in welchen die Gesetze von der Entscheidung in streitigen Verwaltungssachen oder von der Erledigung der Angelegenheit im Streitverfahren oder durch Endurteil oder von der Klage bei dem Kreisausschusse, dem Bezirksausschusse oder einem Verwaltungsgerichte sprechen und wo sonst dieses Verfahren gesetzlich vorgeschrieben ist.

(3) In allen anderen Angelegenheiten ist das Verfahren des Kreis- (Stadt-) Ausschusses und des Bezirksausschusses das Beschlußverfahren.

(4) Das Oberverwaltungsgericht verfährt nur im Verwaltungsstreitverfahren; der Provinzialrat nur im Beschlußverfahren[1]).

[1]) Im AuseinVerf. ist das Verwaltungsstreitverfahren — von dem Fall des § 126 LVG. abgesehen — nirgend vorgeschrieben. Das Verfahren ist daher das Beschlußverfahren, auch vor dem OLKA.; s. A. 2 zu § 11 OrgG. und Begr. 27.

§ 55[1]).

Der Vorsitzende des Kreis- (Stadt-) Ausschusses, des Bezirksausschusses und des Provinzialrats beruft das Kollegium, leitet und beaufsichtigt den Geschäftsgang und sorgt für die prompte Erledigung der Geschäfte. Er bereitet die Beschlüsse der Behörde vor und trägt für deren Ausführung Sorge. Er vertritt die Behörde nach außen, verhandelt namens derselben mit anderen Be- 6. Aufgabe des Vorsitzenden.

hörden und mit Privatpersonen, führt den Schriftwechsel und zeichnet alle Schriftstücke[2]) namens der Behörde[3]).

[1]) § 55 LVG. gilt für die Spruchkammer und das OLKA

[2]) Auch die Ausfertigung der Entscheidungen.

[3]) Nähere Bestimmungen über den Geschäftsgang erläßt der LM. (§ 17 Abs. 1 OrgG.). Vgl. §§ 8 ff. GeschO. f. d. Spruchk. und § 1 GeschO. f. d. OLKA.

§§ 56—59

fallen aus[1]).

[1]) § 56 ist ersetzt durch § 17 Abs. 1 S. 2 OrgG, §§ 57, 58 (örtliche Zuständigkeit) durch § 12 das. § 59 betrifft den Fall, daß ein Kreis= oder Stadtausschuß in Angelegenheiten des Kreisverbandes oder der Stadtgemeinde zu entscheiden hat und kommt daher für das Verf. der LKBeh. nicht in Frage.

§ 60.

7. Zwangs=voll=streckung. (1) Die Vollstreckung im Verwaltungsstreitverfahren und im Beschlußverfahren erfolgt im Wege des Verwaltungszwangsverfahrens[1]). Die Vollstreckung wird namens der Behörde, welche in erster Instanz entschieden beziehungsweise beschlossen hatte, von deren Vorsitzenden verfügt[2]). Über Beschwerden gegen die Verfügungen des Vorsitzenden entscheidet die Behörde. Gegen die Entscheidung der Behörde findet innerhalb zwei Wochen die Beschwerde an die im Instanzenzuge zunächst höhere Behörde statt[3]).

(2) Die Entscheidung der letzteren ist endgültig.

[1]) A. 4 zu § 28 OrgG.

[2]) § 60 ist im AuseinVerf. nicht anwendbar, da die Zwangsvollstreckung durchweg zur Zuständigkeit des VKA. gehört, u. z. nicht nur in Angelegenheiten, in denen er in erster Instanz entschieden hat. S. A. 1 zu § 28 OrgG.

[5]) Beschwerden gegen die Verfügung der Zwangsvollstreckung sind als Aufsichtsbeschwerden durch den PräsLKA., nicht durch die Spruchkammer zu erledigen. Für Beschwerden über Mängel des VerwZwVerf. schreibt dies § 2 Abs. 2 V. 15. 11. 1899 (GS. 545) ausdrücklich vor.

Zweiter Abschnitt.

Verwaltungsstreitverfahren.

1. Von der Ausschließung und Ablehnung der Gerichtspersonen[1]).

[1]) Die §§ 61, 62 LVG. gelten im Beschlußverfahren vor der Spruchkammer nach § 24 Abs. 2 OrgG. Die Anwendbarkeit der §§ 41—44, 47, 48 ZPO. beruht auf § 61 Abs. 1 LVG.

§ 61[1]).

(1) Die Bestimmungen der bürgerlichen Prozeßgesetze über Ausschließung und Ablehnung der Gerichtspersonen[2]) finden für das Verwaltungsstreitverfahren sinngemäße Anwendung[3]). 1. Gesetzliche Vorschriften.

(2) Aus der innerhalb seiner Zuständigkeit geübten amtlichen Tätigkeit des Landrats beziehungsweise des Regierungspräsidenten[4]) darf kein Grund zur Ablehnung desselben wegen Besorgnis der Befangenheit entnommen werden.

[1]) §§ 61, 62 LVG. gelten nach § 24 Abs. 2 OrgG. für die Spruchkammer. Für das OLKA. gelten sie nur im Falle des § 126. Im übrigen gilt für das OLKA. der für das Beschlußverfahren erlassene § 115 LVG,

[2]) Auch des Protokollführers bei der mündlichen Verhandlung (§ 75 LVG.): PrVBl. 19 9.

[3]) §§ 41—49 ZPO.; vgl. OVG. 17. 3. 1910 (bei v. Brauchitsch-St. Genzmer, Verwaltungsgesetze [22] I. 82). Doch sind die §§ 45, 46 ZPO. durch § 62 LVG. ersetzt und § 49 über den Gerichtsschreiber ist im Verwaltungsverfahren gegenstandslos. Die übrigen Paragraphen sind im folgenden abgedruckt.

[4]) Hier: des BKA. und des Vorsitzenden der Spruchkammer. Der PräsLKA. kommt als Richter nicht in Betracht (A. 1 zu § 8 OrgG.). Vgl. OVG. **12** 50; PrVBl. **6** 298, 7 225, 327, sowie (früher) § 4 G. 18. 2. 1880 (kommissarische Bearbeitung einer Sache schließt die Mitglieder und Hilfsarbeiter der GK. nicht von der richterlichen Tätigkeit aus).

§ 41 ZPO.

2. Ausschließung vom Richteramt.

Ein Richter ist von der Ausübung des Richteramts kraft Gesetzes ausgeschlossen:

1. in Sachen, in welchen er selbst Partei ist oder in Ansehung welcher er zu einer Partei in dem Verhältnisse eines Mitberechtigten, Mitverpflichteten oder Regreßpflichtigen steht;
2. in Sachen seiner Ehefrau, auch wenn die Ehe nicht mehr besteht;
3. in Sachen einer Person, mit welcher er in gerader Linie verwandt, verschwägert oder durch Adoption verbunden, in der Seitenlinie bis zum dritten Grade verwandt oder bis zum zweiten Grade verschwägert ist, auch wenn die Ehe, durch welche die Schwägerschaft begründet ist, nicht mehr besteht;
4. in Sachen, in welchen er als Prozeßbevollmächtigter oder Beistand einer Partei bestellt oder als gesetzlicher Vertreter einer Partei aufzutreten berechtigt ist oder gewesen ist;

5. in Sachen, in welchen er als Zeuge oder Sachverständiger vernommen ist;
6. in Sachen, in welchen er in einer früheren Instanz oder im schiedsrichterlichen Verfahren bei der Erlassung der angefochtenen Entscheidung mitgewirkt hat, sofern es sich nicht um die Tätigkeit eines beauftragten oder ersuchten Richters handelt[1]).

[1]) Vgl. § 61 Abs. 2 LVG.

§ 42 ZPO.

(1) Ein Richter kann sowohl in den Fällen, in welchen er von der Ausübung des Richteramts kraft Gesetzes ausgeschlossen ist, als auch wegen Besorgnis der Befangenheit abgelehnt werden. 3. Ablehnung a) Ablehnungsrecht.

(2) Wegen Besorgnis der Befangenheit findet die Ablehnung statt, wenn ein Grund vorliegt, welcher geeignet ist, Mißtrauen gegen die Unparteilichkeit eines Richters zu rechtfertigen.

(3) Das Ablehnungsrecht steht in jedem Falle beiden Parteien zu.

§ 43 ZPO.[1])

Eine Partei kann einen Richter wegen Besorgnis der Befangenheit nicht mehr ablehnen, wenn sie bei demselben, ohne den ihr bekannten Ablehnungsgrund geltend zu machen, in eine Verhandlung sich eingelassen oder Anträge gestellt hat.

[1]) Über die Anwendbarkeit der Vorschrift im Verwaltungsverfahren: OVG. 13 397; PrVBl. 17 227.

§ 44 ZPO.

(1) Das Ablehnungsgesuch ist bei dem Gerichte, welchem der Richter angehört, anzubringen; es kann vor dem Gerichtsschreiber zu Protokoll erklärt werden[1]). b) Verfahren bei der Ablehnung.

(2) Der Ablehnungsgrund ist glaubhaft zu machen; zur Versicherung an Eides Statt darf die Partei nicht zugelassen werden. Zur Glaubhaftmachung kann auf das Zeugnis des abgelehnten Richters Bezug genommen werden.

(3) Der abgelehnte Richter hat sich über den Ablehnungsgrund dienstlich zu äußern.

(4) Wird ein Richter, bei welchem die Partei in eine Verhandlung sich eingelassen oder Anträge gestellt hat, wegen Besorgnis der Befangenheit abgelehnt, so ist glaubhaft zu machen, daß der Ablehnungsgrund erst später entstanden oder der Partei bekannt geworden sei.

[1]) Der zweite Halbsatz des Abs. 1 fällt fort, da ein Gerichtsschreiber nicht vorhanden ist.

§ 62 [1]).

o) Entscheidung über das Ablehnungsgesuch.

(1) Über das Ablehnungsgesuch beschließt das Gericht, welchem der Abgelehnte angehört [2]), und wenn der Vorsitzende des Kreis- (Stadt-) oder Bezirksausschusses abgelehnt werden soll, das nächst höhere Gericht [3]).

(2) Der Beschluß, durch welchen das Gesuch für begründet erklärt wird, ist endgültig. Wird das Gesuch für unbegründet erklärt, so steht der mit demselben zurückgewiesenen Partei innerhalb zwei Wochen die Beschwerde an das im Instanzenzuge zunächst höhere Gericht [3]) zu. Das letztere entscheidet endgültig. Die Verhandlung über die Ablehnung erfolgt in nicht öffentlicher Sitzung.

(3) Das im Instanzenzuge zunächst vorgesetzte Gericht [3]) entscheidet desgleichen endgültig und bestimmt das zuständige Gericht, wenn das Gericht, dem das ausge-

schlossene oder abgelehnte Mitglied angehört[3]), bei dessen Ausscheiden beschlußunfähig wird[4]).

[1]) S A. 1 zu § 61 LVG.

[2]) d. h. die Spruchkammer oder das OLKA.

[3]) Bei Ablehnung des Vorsitzenden der Spruchkammer: das OLKA. Begr. 27. Wird (im Falle des § 126 LVG.) der Vorsitzende des OLKA. abgelehnt, so ist ein höheres Gericht nicht vorhanden; in diesem Falle entscheidet über das Ablehnungsgesuch das OLKA., jedoch ohne Mitwirkung des Vorsitzenden (§ 47 ZPO.).

[4]) In diesem Falle kann ein Beschluß des ersten Gerichts (Abs. 1) nicht ergehen. — Das OLKA. kann in diesem Falle eine örtlich nicht zuständige Spruchkammer bestimmen. — Wird das OLKA. beschlußunfähig, so kann die Beschlußfähigkeit nur durch Zuweisung von Hilfsarbeitern wieder hergestellt werden.

§ 47 ZPO.

Ein abgelehnter Richter hat vor Erledigung des Ablehnungsgesuchs nur solche Handlungen vorzunehmen, welche keinen Aufschub gestatten.

§ 48 ZPO.

(1) Das für die Erledigung eines Ablehnungsgesuchs zuständige Gericht[1]) hat auch dann zu entscheiden, wenn ein solches Gesuch nicht angebracht ist, ein Richter aber von einem Verhältnisse Anzeige macht, welches seine Ablehnung rechtfertigen könnte, oder wenn aus anderer Veranlassung Zweifel darüber entstehen, ob ein Richter kraft Gesetzes ausgeschlossen sei. d) Selbstanzeige de Richters.

(2) Die Entscheidung erfolgt ohne vorgängiges Gehör der Parteien.

[1]) § 62 Abs. 1 LVG.

2. Von dem Verfahren in erster Instanz[1]).

[1]) Die §§ 63, 67, 69, 70, 74, 80, 81 fallen aus. Die §§ 68, 71, 72, 73, 75 finden im Beschlußverfahren nach § 119 LVG. Anwendung, die §§ 76—79 nach § 120 das.

§ 68.

1. Anberaumung der mündlichen Verhandlung.

(1) Hat dagegen auch nur eine Partei die Anberaumung der mündlichen Verhandlung gefordert oder[1]) erachtet das Gericht eine solche für erforderlich, so werden die Parteien zur mündlichen Verhandlung unter der Verwarnung geladen, daß beim Ausbleiben nach Lage der Verhandlungen werde entschieden werden[2]).

(2) Das Gericht kann zur Aufklärung des Sachverhältnisses das persönliche Erscheinen einer Partei anordnen.

(3) Den Parteien steht es frei, ihre Erklärungen, auch ohne dazu besonders aufgefordert zu sein, vor dem Termine schriftlich einzureichen und zu ergänzen. Das Duplikat solcher Erklärungen ist der Gegenpartei zuzufertigen. Kann dies nicht mehr vor dem Termine zur mündlichen Verhandlung bewirkt werden, so ist der wesentliche Inhalt der Erklärungen in dieser Verhandlung mitzuteilen[3]).

[1]) S. A. 1 zu § 119 LVG.

[2]) Ein förmliches Versäumnisverfahren findet in den höheren Instanzen nicht statt. Vgl. aber § 79 LVG.

[3]) Vgl. auch A. 2 § 119 LVG.

§ 71.

2. Mündliche Verhandlung. — Änderung der Klage.

(1) In der mündlichen Verhandlung sind die Parteien oder ihre mit Vollmacht versehenen Vertreter zu hören.

(2) Dieselben können ihre tatsächlichen oder rechtlichen

Anführungen ergänzen oder berichtigen und die Klage abändern, insofern durch die Abänderung nach dem Ermessen des Gerichts das Verteidigungsrecht der Gegenpartei nicht geschmälert oder eine erhebliche Verzögerung des Verfahrens nicht herbeigeführt wird [1]). Sie haben sämtliche Beweismittel anzugeben und, soweit dies nicht bereits geschehen, die schriftlichen, ihnen zu Gebote stehenden Beweismittel vorzulegen; auch können von ihnen Zeugen zur Vernehmung vorgeführt werden.

(3) Der Vorsitzende des Gerichts hat dahin zu wirken, daß der Sachverhalt vollständig aufgeklärt und die sachdienlichen Anträge von den Parteien gestellt werden.

(4) Er kann einem Mitgliede des Gerichts gestatten, das Fragerecht auszuüben.

(5) Eine Frage ist zu stellen, wenn das Gericht diese für angemessen erachtet.

[1]) Eine Klage kommt im Verfahren vor der Spruchkammer nicht in Frage, wohl aber im Fall des § 126 LVG. im Verfahren vor dem OLKA. — Auf die Beschwerde findet die für die Klage gegebene Vorschrift über die beschränkte Zulässigkeit der Klagänderung keine Anwendung (vgl. auch § 92 LVG.); das Gesetz (§§ 115ff. LVG.) verbietet nicht, den mit Beschwerde verfolgten Anspruch beliebig zu ändern. Die Rechtsmittelinstanz ist daher befugt, auch einen geänderten Beschwerdeanspruch zuzulassen und darüber zu entscheiden. Doch wird sie dies nur dann tun dürfen, wenn der Gegner des Rechtsmittelklägers dadurch nicht benachteiligt und das Verfahren nicht ungebührlich verzögert wird.

§ 72.

(1) Die mündliche Verhandlung erfolgt in öffentlicher Sitzung des Gerichts. 3. Öffentlichkeit und Sitzungspolizei.

(2) Die Öffentlichkeit kann durch einen öffentlich zu

verkündigenden Beschluß ausgeschlossen werden, wenn das Gericht dies aus Gründen des öffentlichen Wohls oder der Sittlichkeit für angemessen erachtet.

(3) Der Vorsitzende kann aus der öffentlichen Sitzung jeden Zuhörer entfernen lassen, der Zeichen des Beifalls oder des Mißfallens gibt oder Störung irgendeiner Art verursacht[1]).

(4) Parteien, Zeugen, Sachverständige, welche den zur Aufrechterhaltung der Ordnung erlassenen Befehlen des Vorsitzenden nicht gehorchen, können auf Beschluß des Gerichts aus dem Sitzungszimmer entfernt werden[1]). Gegen die bei der Verhandlung beteiligten Personen wird sodann in gleicher Weise verfahren, wie wenn sie sich freiwillig entfernt hätten[2]).

[1]) Die Befugnisse des BKA. (§ 101 G. 18. 2. 1880, vgl auch A. 1 zu § 17 OrgG.) gehen weiter. — Rechtsmittel gegen die Anordnungen des Vorsitzenden des Gerichts: § 125 LVG.

[2]) Vgl. § 79 S. 2 LVG.

§ 73.

4. Parteivertreter.

(1) Die Parteien sind in der Wahl der von ihnen zu bestellenden Bevollmächtigten nicht beschränkt.

(2) Das Gericht kann Vertreter, welche, ohne Rechtsanwälte zu sein, die Vetretung vor dem Gerichte geschäftsmäßig betreiben, zurückweisen[1]). Eine Anfechtung dieser Anordnung findet nicht statt[2]).

(3) Gemeindevorsteher, welche als solche legitimiert sind, bedürfen zur Vertretung ihrer Gemeinden einer besonderen Vollmacht nicht.

[1]) Für die Verhandlung vor dem BzA. gelten: § 81 V. 20. 6. 1817, § 157 ZPO. vbd. § 13 Abs. 2 G. 18. 2. 1880.

[2]) Beistände: OVG. 7 393.

§ 75.

Die mündliche Verhandlung erfolgt unter Zuziehung eines vereidigten Protokollführers [1].[2]). Das Protokoll muß die wesentlichen Hergänge der Verhandlung enthalten. Dasselbe wird von dem Vorsitzenden und dem Protokollführer unterzeichnet [3]. 5. Sitzungsbericht.

[1]) Fassung des G. 1 nach G. 13. 5. 1918 (GS. 53):

Über die mündliche Verhandlung ist entweder von einem vereidigten Protokollführer oder einem Mitgliede des Gerichtshofs eine Niederschrift zu verfassen.

[2]) Vgl. § 77 LVG. (Zuziehung eines Protokollführers bei Beweisaufnahmen).

[3]) Verlesung und Genehmigung: § 15 GeschO. f. d. Spruchk.; vgl. auch PrVBl. **7** 345; OVG. **26** 128, **41** 222, **42** 181, **44** 378. Beweiskraft: PrVBl. **32** 844. Verhandlungsschrift über Zeugenvernehmung: PrVBl. **32** 844.

§ 76 [1]).

Das Gericht ist befugt — geeignetenfalls schon vor Anberaumung der mündlichen Verhandlung — Untersuchungen an Ort und Stelle zu veranlassen, Zeugen und Sachverständige zu laden und eidlich [2]) zu vernehmen, überhaupt den angetretenen oder nach dem Ermessen des Gerichts erforderlichen Beweis in vollem Umfange zu erheben. 6. Beweisaufnahme vor der mündlichen Verhandlung.

[1]) Fassung nach G. 13. 5. 1918 (GS. 53):

Das Gericht oder namens desselben der Vorsitzende ist befugt, geeignetenfalls schon vor Anberaumung der mündlichen Verhandlung Untersuchungen an Ort und Stelle zu veranlassen, Zeugen und Sachverständige zu laden und eidlich zu vernehmen, überhaupt den angetretenen oder noch für erforderlich erachteten Beweis in vollem Umfange zu erheben.

*) § 76 läßt die Beeidigung zu; doch gelten für die eidliche Vernehmung nicht die Vorschriften der ZPO., vielmehr steht es ganz im Ermessen der Spruchbehörde, ob sie einen Zeugen oder Sachverständigen vereidigen will oder nicht: OVG. 60 365 (Zeugen); 8 179, 12 433 (Sachverständige).

Wird der Beweis im Auftrage der Spruchbehörde (Spruchkammer oder OLKA.) durch eine andere Behörde aufgenommen, so verfährt diese nach den für sie geltenden Vorschriften. Dies gilt auch im Falle der Beauftragung des VKA., der daher bei Ausführung des Auftrages die für sein Verfahren geltenden AuseinGesetze (§ 17 OrgG.), insbesondere die Vorschriften der ZPO., anzuwenden hat. Vgl. bez. der Provinz Hannover: § 46 HannVerfG. 30. 6. 1842. — Für die Güterkons. im Reg.-Bez. Wiesbaden bestehen keine Vorschriften über eidliche Vernehmung von Zeugen und Sachverständigen. Gleichwohl sind die VKA. im Reg.-Bez. Wiesbaden befugt, im Auftrage der höheren Instanzen Zeugen und Sachverständige eidlich zu vernehmen, da sie zur Eidesabnahme nach den auch dort (für Gemeinheitsteilungen und Reallastablösungen) geltenden Vorschriften der AuseinGesetze befugt sind. Vgl. über die Befugnis einer ersuchten Behörde zur Eidesabnahme OVG. 28. 5. 1885 (in v. Brauchitsch-St. Genzmer, VerwGesetze, [22] I 132).

§ 77.

(1) Das Gericht kann die Beweiserhebung durch eines seiner Mitglieder oder erforderlichenfalls durch eine zu dem Ende zu ersuchende sonstige Behörde [1]) bewirken lassen. Es kann verordnen, daß die Beweiserhebung in der mündlichen Verhandlung stattfinden soll.

(2) Die Beweisverhandlungen sind unter Zuziehung eines vereidigten oder von der betreffenden Behörde durch Handschlag zu verpflichtenden Protokollführers aufzunehmen; die Parteien sind zu denselben zu laden.

[1]) Im AuseinVerf. in der Regel den BKA. Vgl. A. 2 zu § 76.

§ 78.

(1) Hinsichtlich der Verpflichtung, sich als Zeuge oder Sachverständiger vernehmen zu lassen, sowie hinsichtlich der im Falle des Ungehorsams zu verhängenden Strafen kommen die Bestimmungen der bürgerlichen Prozeßgesetze mit der Maßgabe zur Anwendung, daß im Falle des Ungehorsams die zu erkennende Geldbuße den Betrag von einhundertfünfzig Mark nicht übersteigen darf[1]). 8. Zeugnis- und Begutachtungspflicht.

(2) Gegen die eine Strafe oder die Nichtverpflichtung des Zeugen oder Sachverständigen aussprechende Entscheidung, steht den Beteiligten innerhalb zwei Wochen die Beschwerde an das im Instanzenzuge zunächst vorgesetzte Gericht, gegen die in zweiter Instanz ergangene Entscheidung des Bezirksausschusses die weitere Beschwerde an das Oberverwaltungsgericht zu[2])[3]).

[1]) Zeugnispflicht: §§ 376, 380—385 ZPO.; Begutachtungspflicht: §§ 407—409 das.

[2]) Gegen die Entscheidung der Spruchkammer findet Beschwerde an das OLKA. statt.

[3]) Für das Verf. des BKA. gelten im allgemeinen die Vorschriften der AuseinGesetze. S. § 1 G. 18. 2. 1880; § 47 Abs. 4 HannVerfG. 30. 6. 1842. Die Beschränkung der Strafbefugnis auf 150 Mark (§ 78 Abs. 1) findet daher im erstinstanzlichen Verfahren keine Anwendung; s. §§ 390, 409 ZPO. Dagegen gelten die Vorschriften des § 78 Abs. 2 vbd. § 120 über die Beschwerde auch dann, wenn der BKA. im erstinstanzlichen Verfahren eine Entscheidung im Sinne des § 78 Abs. 2 erläßt; s. A. 4a zu § 17 OrgG. Gegen diese Entscheidung findet also innerhalb zwei Wochen (nach der Zustellung oder mündlichen Eröffnung: § 52 und A. 2 dazu) die Beschwerde

an die Spruchkammer und gegen deren Entscheidung die weitere Beschwerde an das OLKA statt.

Das Gesagte gilt auch in dem Fall, daß der VKA. im Auftrage der Spruchkammer oder des OLKA (A. 4b zu § 17 OrgG.) tätig wird. Der VKA. verfährt also auch in diesem Falle nach den für ihn in erster Instanz geltenden Vorschriften. Vgl. auch A. 2 zu § 76.

§ 79.

9 Entscheidung.

Das Gericht hat nach seiner freien, aus dem ganzen Inbegriffe der Verhandlungen und Beweise geschöpften Überzeugung zu entscheiden[1]). Beim Ausbleiben der betreffenden Partei oder in Ermangelung einer Erklärung derselben können die von der Gegenpartei vorgebrachten Tatsachen für zugestanden erachtet werden[2]). Die Entscheidungen dürfen nur die zum Streitverfahren vorgeladenen Parteien und die in demselben erhobenen Ansprüche betreffen[3]).

[1]) S. 1, der hier nur mit Bezug auf die Würdigung des Beweises im Falle einer mündlichen Verhandlung angeführt ist, gilt übrigens im Beschlußverfahren allgemein (Blümke im PrVBl. 20 34). Vgl. für die erste Instanz: § 21 Abs. 1 S. 2 OrgG. und A. 4 dazu.

[2]) Vgl. A. 2 zu § 68 LVG.

[3]) S. 3 gehört nicht zu den Vorschriften über „die Erhebung und Würdigung des Beweises" (§ 120 LVG.), gilt also nicht unmittelbar für das Beschlußverfahren. Nach allgemeinen Rechtsgrundsätzen muß er aber auch im Beschlußverfahren vor den AuseinBeh. angewandt werden. Daher darf die Entscheidung gegen niemand ergehen, der nicht zum Verfahren zugezogen war oder rechtliches Gehör erhalten hat.

Dritter Abschnitt.

Beschlußverfahren.

§ 115[1]).

Betrifft[2]) der Gegenstand der Verhandlung einzelne Mitglieder der Behörde oder deren Verwandte und Verschwägerte in auf- und absteigender Linie oder bis zum dritten Grade der Seitenlinie[3]), so dürfen dieselben an der Beratung und Abstimmung nicht teilnehmen. Ebensowenig darf ein Mitglied bei der Beratung und Beschlußfassung über solche Angelegenheiten mitwirken, in welchen es in anderer als öffentlicher Eigenschaft ein Gutachten abgegeben hat, oder als Geschäftsführer, Beauftragter oder in anderer als öffentlicher Stellung[4]) tätig gewesen ist[5]). 1. Ausschließung vom Richteramt.

[1]) § 115 LVG. tritt im Beschlußverfahren an die Stelle der (im VerwStreitverf. geltenden) §§ 61, 62 das. Er gilt aber nicht für die Spruchkammer (s. § 24 Abs. 2 OrgG.), sondern nur für das OLKA., und auch für dieses mit Ausnahme des Falles des § 126 LVG., in welchem wiederum die §§ 61, 62 LVG. anzuwenden sind.

[2]) d. h. ist das Mitglied persönlich beteiligt. Dies trifft zu, wenn es ein von dem allgemeinen oder öffentlichen Interesse unterscheidbares Interesse an der Erledigung hat (OVG. 6 364, 23 212; PrVBl. 7 76, 9 23, 15 196, 16 349, 17 300, 24 278). Ein allgemeines Interesse des Berufsstandes oder der Gemeinde kommt nicht in Betracht (PrVBl. 10 368).

[3]) Vgl. § 41 [3] ZPO. — Die Ehefrau erwähnt § 115 nicht; s. aber PrVBl. 21 518.

[4]) Vgl. § 41 [4] [5] ZPO. — Nicht erwähnt ist der Fall, daß das Mitglied bei der angefochtenen Entscheidung in früherer Instanz mitgewirkt hat (§ 41 [6] ZPO.). Doch wird in

diesem Fall der Gegenstand der Verhandlung regelmäßig das Mitglied „betreffen". Eine frühere verwaltende Tätigkeit in der zu entscheidenden Sache ist kein Ausschließungsgrund; vgl. § 4 G. 18. 2. 1880 („kommissarische Bearbeitung" einer AuseinSache), sowie § 61 Abs. 2 (oben).

[5]) Ein förmliches Ablehnungsverfahren ist nicht geregelt. Doch werden die hierüber erlassenen Vorschriften §§ 42ff. ZPO. entsprechend anzuwenden sein. Dabei hat indes § 43 (Verlust des Ablehnungsrechts durch Einlassung vor dem abgelehnten Richter) keine Geltung. Gegen die Entscheidung des OLKA., daß kein Ausschließungsgrund vorliege, findet kein Rechtsmittel statt.

§ 116

fällt aus[1]).

[1]) § 116 regelt den Fall, daß die Behörde infolge des Ausscheidens von Mitgliedern nach §§ 115 beschlußunfähig wird. Für die Spruchkammer gilt § 62. An Stelle des beschlußunfähigen Provinzialrats soll der JM. einen anderen Provinzialrat mit der Beschlußfassung beauftragen. Diese Bestimmung ist auf das OLKA. nicht anwendbar. Vgl. über Beschlußunfähigkeit des OLKA. A. 4 zu § 62 LVG.

§ 117.

2. Vorbescheide des Vorsitzenden.

(1) Der Vorsitzende des Kreis- (Stadt-) Ausschusses ist befugt, in Fällen, welche keinen Aufschub zulassen, oder in welchen das Sach- und Rechtsverhältnis klar liegt und die Zustimmung des Kollegiums nicht im Gesetz ausdrücklich als erforderlich bezeichnet ist, namens der Behörde Verfügungen zu erlassen und Bescheide zu erteilen[1]).

(2) Die gleiche Befugnis steht dem Vorsitzenden des Bezirksausschusses und des Provinzialrats mit der Maßgabe zu, daß eine Abänderung der durch Beschwerde

angefochtenen Beschlüsse des Kreis- (Stadt-) Ausschusses beziehungsweise des Bezirksausschusses nur unter Zuziehung des Kollegiums erfolgen darf[2]).

(3) In den auf Grund der vorstehenden Bestimmungen erlassenen Verfügungen und Bescheiden ist den Beteiligten, sofern deren Anträgen nicht stattgegeben wird, zu eröffnen, daß sie befugt seien, innerhalb zwei Wochen auf Beschlußfassung durch das Kollegium anzutragen oder dasjenige Rechtsmittel einzulegen, welches zulässig wäre, wenn die Verfügung beziehungsweise der Bescheid auf Beschluß des Kollegiums erfolgt wäre.

(4) Wird auf Beschlußfassung angetragen, so muß solche zunächst erfolgen. Hat einer der Beteiligten auf Beschlußfassung angetragen, ein anderer das Rechtsmittel eingelegt, so wird nur dem Antrag auf Beschlußfassung stattgegeben. Wird weder auf Beschlußfassung angetragen noch das Rechtsmittel eingelegt, so gilt die Verfügung bzw. der Bescheid als endgültiger Beschluß[3]. Für den Antrag auf Beschlußfassung des Kollegiums finden die nach den §§ 52 und 53 für die Beschwerde geltenden Bestimmungen Anwendung[4]).

(5) Der Vorsitzende hat dem Kollegium von allen im Namen desselben erlassenen Verfügungen und erteilten Bescheiden nachträglich Mitteilung zu machen.

[1]) Die Vorschrift gilt nicht für den VKA. S. A. 2. Über die Auffassung der Begr. zum OrgG. hinsichtlich der Bescheide des VKA. s. A. 5 zu § 21 OrgG. — Der Vorbescheid des VKA. nach Art. III § 18 Abs. 2 AnsG. 10. 8. 1904 (GS. 227) fällt aus dem Rahmen des AuseinVerf. heraus. Gegen ihn ist nicht die Entscheidung irgendeiner Instanz der LKBeh. anzurufen, sondern die Klage beim Bezirksausschuß gegeben.

²) Zum Erlaß von Vorbescheiden ist der Vorsitzende der Spruchkammer befugt. Der VKA. ist nicht „Vorsitzender“ eines „Kollegiums“, auch nicht im Falle des § 23 OrgG. („Mitwirkung“ der Vertreter der Teilnehmergesamtheit bei der Entscheidung von Plan- usw. Streitigkeiten); auf ihn findet daher § 117 keine Anwendung. Auch der PräsOLKA. ist so wenig wie die Vorsitzenden der Senate des OVG. zum Erlaß von Vorbescheiden berechtigt, er tritt nicht etwa im Sinne des § 117 Abs. 2 an die Stelle des Vorsitzenden des Provinzialrats. Die Vorschrift des § 117 ist auf ein Kollegium berechnet, das, wie Kreis-, Bezirksausschuß und Provinzialrat, nur zeitweise zusammentritt und daher nicht jederzeit in der Lage ist, eine Entscheidung zu erlassen. Bei dem OLKA. trifft dies nicht zu. Die „sinngemäße“ Anwendung der Vorschriften des LVG. (§ 17 OrgG.) führt daher hier nicht zur Gleichstellung des OLKA. mit dem Provinzialrat, sondern mit dem OVG. Dazu nötigt auch die Erwägung, daß das OLKA. zu Berlin das einzige für das ganze Staatsgebiet ist und stets in letzter Instanz entscheidet — in beiden Beziehungen im Gegensatz zum Provinzialrat — und daher der lediglich dem Beschleunigungsbedürfnis dienende Vorbescheid dem Wesen des OLKA. nicht angemessen ist.

³) Vgl. § 21 Abs. 1 S. 3 OrgG. und A. 5 dazu.

⁴) § 52: Beginn und Berechnung der Fristen für die Beschwerde, WidvSt. gegen Fristversäumnis; § 53: aufschiebende Wirkung der Beschwerde.

§ 118.

3. Teilnahme von Nichtmitgliedern an den Sitzungen.

An den Verhandlungen der Behörde können unter Zustimmung des Kollegiums technische Staats- oder Kommunalbeamte mit beratender Stimme teilnehmen[1].

¹) Auch als Berichterstatter, aber auch dann ohne Stimmrecht (Begr. 15.). Vgl. auch § 10 GeschO. f. d. Spruchk. und § 4 GeschO. f. d. OLKA.

§ 119.

(1) Die Behörden fassen ihre Beschlüsse auf Grund der verhandelten Akten, sofern nicht das Gesetz ausdrücklich mündliche Verhandlung vorschreibt[1]). 4. Grundlage der Entscheidung. Mündliche Verhandlung.

(2) Die Behörden sind befugt, auch in anderen, als in den im Gesetze ausdrücklich bezeichneten Angelegenheiten die Beteiligten bzw. deren mit Vollmacht versehene Vertreter behufs Aufklärung des Sachverhalts zur mündlichen Verhandlung vorzuladen[2]).

(3) In betreff der mündlichen Verhandlung finden im übrigen die Vorschriften der §§ 68, 71, 72, 73 und 75 sinngemäße Anwendung.

[1]) Mündliche Verhandlung ist für das Beschluß-Verfahren vor dem OLKA. in keinem Falle vorgeschrieben, sie findet hier also nur nach Abs. 2 (außerdem im Falle des § 126 LVG.) statt. Vgl. auch § 4 GeschO. f. d. OLKA. Vor der Spruchkammer muß m. V. stattfinden, wenn ein Beteiligter sie beantragt, aber nur bei der Entscheidung über Beschwerden gegen Beschlüsse des VKA. nach §§ 21—23 OrgG., also nicht z. B. im Falle des § 20 (§ 24 Abs. 1 S. 3).

[2]) Findet m. V. statt, so entscheidet die Behörde auf Grund der Akten (Abs. 1) und der mündlichen Verhandlung, sonst nur auf Grund der Akten. Die (bisherige) Vorschrift, wonach nur die zur kommissarischen Verhandlungsschrift abgegebenen Erklärungen, nicht aber bloß schriftliche Erklärungen, berücksichtigt werden durften (ZfLKGG. **33** 316, **34** 237, **36** 220), hat für das Verf. in den höheren Instanzen keine Geltung mehr. Hier sind jetzt auch Schriftsätze zu berücksichtigen, die zu keiner Verhandlungsschrift verlautbart sind. Über Schriftsätze s. auch § 68 Abs. 3 LVG. Dagegen verbleibt es im Verf. erster Instanz bei den bisherigen Vorschriften.

§ 120.

5. Beweisaufnahme.

Für die Erhebung und Würdigung des Beweises kommen die Vorschriften der §§ 76—79 sinngemäß und mit der Maßgabe zur Anwendung, daß gegen den eine Strafe oder die Nichtverpflichtung eines Zeugen oder Sachverständigen aussprechenden Beschluß des Kreis-(Stadt-) Ausschusses den Beteiligten die Beschwerde an den Bezirksausschuß, gegen den in erster oder zweiter Instanz ergangenen Beschluß des letzteren oder des Provinzialrats innerhalb gleicher Frist die Beschwerde an das Oberverwaltungsgericht zusteht[1]).

[1]) Vgl. A. 3 zu § 78, sowie A. 1 zur Überschrift von Tit. III des LVG.

§ 121.

6. Zulässigkeit der Beschwerde.

(1) Gegen die Beschlüsse des Kreis-(Stadt-) Ausschusses findet innerhalb zwei Wochen[1]) die Beschwerde an den Bezirksausschuß, gegen die in erster Instanz ergehenden Beschlüsse des Bezirksausschusses innerhalb gleicher Frist die Beschwerde an den Provinzialrat statt, sofern nicht nach ausdrücklicher Vorschrift des Gesetzes

1. die Beschlüsse endgültig sind,
2. die Beschlußfassung über die Beschwerde anderen Behörden übertragen ist.

(2) Die auf Beschwerden gefaßten Beschlüsse des Bezirksausschusses und die Beschlüsse des Provinzialrats sind endgültig, sofern nicht das Gesetz im einzelnen anders bestimmt[2]).

(3) Die vorstehenden Bestimmungen finden auf die nach Maßgabe der Gesetze von dem Landrate unter Zustimmung des Kreisausschusses, von dem Regierungspräsidenten unter Zustimmung des Bezirksausschusses,

von dem Oberpräsidenten unter Zustimmung des Provinzialrats gefaßten Beschlüsse entsprechende Anwendung.

[1]) Nach der Zustellung: § 52 Abs. 1 LVG. und A. 2 dazu.

[2]) Abs. 1, 2 gelten an sich sowohl für die Beschwerde gegen erstinstanzliche Entscheidungen des VKA. wie für Beschwerden gegen erst- und zweitinstanzliche Entscheidungen der Spruchkammer. Jedoch ist für die Beschlüsse §§ 20—27, 30, 31 OrgG. die Zulässigkeit der Beschwerde, die Beschwerdefrist und die Beschwerdebehörde erschöpfend geordnet, so daß § 121 insoweit außer Anwendung bleibt. Nur insofern behält § 121 auch für diese Beschlüsse Bedeutung, als sie an sich zu den hier (im § 121) bezeichneten Arten von Beschlüssen gehören, und für die Beschlüsse des § 121 die Vorschriften der nachfolgenden §§ 122, 123 gelten.

Nicht näher geregelt hat das OrgG. die Beschwerde gegen Entscheidungen des VKA. in den unter A. 1 a—f zu § 50 LVG. aufgeführten Fällen sowie im Falle des § 67 AblG. 2. 3. 1850. — In den Fällen A. 1 a—f findet die Beschwerde im Aufsichtswege statt. — Gegen die Festsetzung der Normal-Markt-Orte und -Preise findet nach § 67 AblG. 2. 3. 1850 binnen drei Wochen nach der „Publikation" der „Rekurs" an (das RevKoll. f. LKSachen, später das OLKG., jetzt) das OLKA. statt. Diese Sonderbestimmung bleibt in Kraft. Die durch keine Vorschrift geänderte Zuständigkeit des OLKA. dauert nach § 121 Abs. 1 Nr. 2 fort. Auch die dreiwöchige Beschwerdefrist dürfte weiter gelten; doch ist dies (wegen § 121 Abs. 1) zweifelhaft. Die Beschwerdefrist beginnt auch jetzt noch mit der Zustellung oder der (mündlichen) Eröffnung („Publikation"); vgl. § 52 Abs. 1 LVG. („sofern nicht die Gesetze anderes vorschreiben"). Unberührt bleibt die (dem § 67 AblG. 2. 3. 1850 entsprechende) Vorschrift § 45 AblG. 3. 1. 1873 (GS. 3), für Schleswig-Holstein, wonach die Festsetzung der Preise usw. in erster Instanz durch die Bezirksregierung, in der binnen drei Wochen nach der Publikation der Entscheidung anzurufenden zweiten Instanz durch das OLKA. erfolgt.

Beschwerden über die Leitung des Verf. und die Kosten: § 125 LVG.; Beschwerden gegen sitzungspolizeiliche Verfügungen des BKA.: § 26 OrgG.; Beschwerden über Straffestsetzungen gegen Zeugen und Sachverständige, über eine Fragestellung an die Zeugen: und über die Verurteilung der säumigen Zeugen und Sachverständigen in die Kosten: § 78 LVG. und A. 3 dazu; Beschwerden im Vollstreckungsverfahren: § 60 LVG. und A. 3 dazu, § 133 das.

Das Verf. vor den Anerbenkommissionen und der Anerben-Berufungskommission in der Prov. Westfalen (G. 2. 7. 1918 GS. 139) fällt in keiner Beziehung unter die Vorschriften des OrgG. und das LVG. Diese Behörden lehnen sich zwar an die LKBeh. an, sind aber selbst keine LKBeh. i. S. der §§ 1, 17 OrgG. Gleiches gilt von dem Verfahren bei den Reallastablösungen in der Prov. Hannover (A. 5 zu § 31 OrgG.).

§ 122.

(1) Die Beschwerde ist in den Fällen des § 121[1]) bei derjenigen Behörde, gegen deren Beschluß sie gerichtet ist[2]), anzubringen. Der Vorsitzende[3]) prüft, ob das Rechtsmittel rechtzeitig[4]) angebracht ist.

(2) Ist die Frist versäumt, so weist der Vorsitzende das Rechtsmittel ohne weiteres durch einen mit Gründen versehenen Bescheid zurück[5]). In demselben ist dem Beschwerdeführer zu eröffnen, daß ihm innerhalb zwei Wochen die Beschwerde an diejenige Behörde zustehe, welche zur Beschlußfassung in der Sache berufen ist, widrigenfalls es bei dem Bescheide verbleibe.

(3) Ist die Frist gewahrt und ist eine Gegenpartei vorhanden, so wird die Beschwerdeschrift mit ihren An-

lagen zunächst dieser zur schriftlichen Gegenerklärung innerhalb zwei Wochen zugefertigt. Die Gegenpartei kann sich dem Rechtsmittel anschließen, selbst wenn die Frist verstrichen ist.

(4) Abschrift der eingegangenen Gegenerklärung erhält der Beschwerdeführer. Zur näheren Begründung der Beschwerde sowie zur Gegenerklärung kann in nicht schleunigen Sachen eine angemessene, der Regel nach nicht über zwei Wochen zu erstreckende, Nachfrist gewährt werden. Hierauf werden die Verhandlungen mittels Berichts derjenigen Behörde eingereicht, welcher die Beschlußfassung über die Beschwerde zusteht.

(5) Wird die Beschwerde der Vorschrift des ersten Absatzes zuwider innerhalb der gesetzlichen Frist bei derjenigen Behörde angebracht, welche zur Beschlußfassung darüber zuständig ist, so gilt die Frist als gewahrt[6]. Die Beschwerde ist in solchen Fällen von der angerufenen Behörde zur weiteren Veranlassung[7] an diejenige Behörde abzugeben, gegen deren Beschluß sie gerichtet ist[8].

[1]) § 122 findet auf alle Beschwerden gegen Beschlüsse der Spruchkammer, auf die Beschwerden gegen die Beschlüsse des VKA. aber nur dann Anwendung, wenn über die Beschwerde die Spruchkammer oder (wie im Falle des § 67 AblG. 2. 3. 1850) das OLKA. zu entscheiden hat. Vgl. auch A. 4a zu § 17 OrgG. Dagegen gilt § 122 nicht bei Aufsichtsbeschwerden, für die der PräsLKA. und der LM. zuständig sind.

[2]) VKA. oder Spruchkammer.

[3]) Bei Beschwerden gegen Entscheidungen des VKA. dieser wenn er auch nicht „Vorsitzender" einer Spruchbehörde ist.

[4]) Rechtzeitig; die weiteren Förmlichkeiten hat er nicht zu prüfen, den Inhalt der Beschwerdeschrift nur soweit, daß er sich von der Absicht der Beschwerdeführung überzeugt.

[5]) WidvSt. kann er nicht gewähren: A. 4 zu § 52 LVG.

— Die Frist ist auch dann gewahrt, wenn die Beschwerdeschrift innerhalb der Frist bei der Beschwerdeinstanz eingeht (Abs. 5), nicht aber, wenn sie einer anderen Behörde übergeben wird und von dieser erst nach Ablauf der Frist an die Behörde, die die angefochtene Entscheidung erlassen hat, oder an die Beschwerdeinstanz gelangt.

[6]) A. 5.

[7]) Zur Prüfung und Entscheidung nach § 52 und § 122 Abs. 1, 2 und zum Verfahren nach § 122 Abs. 3, 4.

§ 123.

Beschwereinlegung durch den Vorsitzenden.

(1) Die Einlegung der Beschwerde steht in den Fällen des § 121 aus Gründen des öffentlichen Interesses auch den Vorsitzenden der Behörden zu[1]).

(2) Will der Vorsitzende von dieser Befugnis Gebrauch machen, so hat er dies dem Kollegium sofort mitzuteilen[2]).

(3) Die Zustellung des Beschlusses bleibt in diesem Falle einstweilen, jedoch längstens drei Tage, ausgesetzt. Sie erfolgt mit der Eröffnung, daß im öffentlichen Interesse die Beschwerde eingelegt worden sei. Ist die Zustellung ohne diese Eröffnung erfolgt, so gilt die Beschwerde als zurückgenommen.

(4) Die Gründe der Beschwerde sind den Beteiligten zur schriftlichen Erklärung innerhalb zwei Wochen mitzuteilen.

(5) Nach Ablauf dieser Frist sind die Verhandlungen der Behörde einzureichen, welcher die Beschlußfassung über die Beschwerde zusteht.

(6) Eine vorläufige Vollstreckung des mit der Beschwerde angefochtenen Beschlusses (§ 53), ist in diesen Fällen ausgeschlossen.

[1]) Also dem Vorsitzenden der Spruchkammer, nicht dem PräsLKA. Doch kann dieser den Vorsitzenden anweisen, Beschwerde einzulegen: § 9 GeschO. f. d. Spruchkammern. Im Falle des § 23 OrgG. steht die Beschwerde auch dem VKA. zu (§ 24 Abs. 1 S. 2).

[2]) Gilt auch im Falle des § 24 Abs. 1 S. 2 OrgG.).

§ 124.

fällt aus[1]).

[1]) § 124 betrifft die Kosten des Beschlußverfahrens und ist ersetzt durch § 29 OrgG.

§ 125.

Über Beschwerden, welche die Leitung des Verfahrens und die Kosten betreffen, beschließt endgültig die in der Hauptsache zunächst höhere Instanz[1])[2]). 9. Beschwerden über d. Leitung d. Verfahren und die Kosten.

[1]) § 125 gilt nicht nur für das Verfahren vor der Spruchkammer, sondern auch für das Verfahren vor dem VKA., hier aber nur, wenn es sich um ein Streitverfahren i. S. des § 21 OrgG. oder um eine Angelegenheit handelt, in der die Spruchkammer in zweiter Instanz zuständig ist. In anderen Angelegenheiten, insbesondere im (eigentlichen) Verwaltungsverfahren, ist nicht die Beschwerde des § 125, sondern die Aufsichtsbeschwerde gegeben; s. § 50 und A. 1 dazu.

Ist der VKA. im Auftrage einer höheren Instanz (Spruchkammer oder OLKA.) tätig, so werden auch hier die bei A. 3 zu § 78 dargelegten Grundsätze anzuwenden sein. Gegen die Anordnungen des VKA. findet also die Beschwerde an die Spruchkammer statt und diese entscheidet auch dann endgültig, wenn der VKA. im Auftrage des OLKA. tätig war. Die Beschwerde des § 125 ist unbefristet.

[2]) Keine Anwendung findet § 125 in dem Fall, daß eine zur Sache ergangene Entscheidung im Kostenpunkt angefochten werden soll (A. 1 zu § 24 OrgG.). In diesem Falle ist nur das in der Hauptsache zugelassene Rechtsmittel, also

regelmäßig die befristete Beschwerde, statthaft. — Vgl. noch OVG. 54 484 (Beschwerde gegen die Anordnung des persönlichen Erscheinens der Partei), 65 442 (B. gegen die Aussetzung des Verfahrens); 1 445 (keine B. gegen Beweisbeschlüsse).

§ 126.

0. Anfechtung endgültiger Beschlüsse.

(1) Der Oberpräsident kann endgültige Beschlüsse des Provinzialrats, der Regierungspräsident endgültige Beschlüsse des Bezirksausschusses und der Landrat beziehungsweise der Vorsitzende des Kreis- (Stadt-) Ausschusses endgültige Beschlüsse dieser Behörde [1]) mit aufschiebender Wirkung anfechten, wenn die Beschlüsse die Befugnisse der Behörde überschreiten oder das bestehende Recht, insbesondere auch die von den Behörden innerhalb ihrer Zuständigkeit erlassenen Verordnungen, verletzen. Die Anfechtung erfolgt mittels Klage beim Oberverwaltungsgericht [2]) [3]) [4]).

(2) Die Behörde, deren Beschluß angefochten wird, ist befugt, zur Wahrnehmung ihrer Rechte in dem Verfahren vor dem Oberverwaltungsgericht [2]) einen besonderen Vertreter zu wählen [5]).

[1]) Die Befugnis steht dem PräsLKA. (nicht dem Vorsitzenden der Spruchkammer: OVG. 55 494; PrVBl. 32 52) gegenüber den von der Spruchkammer erlassenen (endgültigen) Beschlüssen zu. Gegen Beschlüsse des OLKA. findet die Anfechtungsklage nicht statt. Bei den Beschlüssen des VKA. fällt die Klage fort, weil in dem Falle, wo er nicht allein entscheidet (§ 23), die Entscheidung nicht endgültig ist; s. A. 3.

[2]) Nach § 24 Abs. 4 OrgG. beim OLKA. Die Klage ist die im Verwaltungsstreitverfahren. Es finden daher auf sie die §§ 61—114 LVG. Anwendung.

[3]) Endgültig ist ein Beschluß, dessen Anfechtung vom Gesetz nicht zugelassen ist, auch der mit einem weiteren Rechtsmittel nicht anfechtbare Beschluß der Rechtsmittelinstanz.

Auf Beschlüsse, die dadurch endgültig geworden sind, daß ein (an sich zulässiges) Rechtsmittel nicht oder nicht rechtzeitig eingelegt oder wieder zurückgenommen ist, bezieht sich § 126 LVG. nicht (OVG. 9 326, 25 373; v. Kamptz, die Rechtspr. d. OVG. 4 604, 304). Danach kommen in Betracht die Entscheidungen der Spruchkammer nach §§ 22 (vgl. § 24 Abs. 3), 26, 27, 30 OrgG.

[4]) Auf die Anfechtungsklage ist nur über Aufhebung oder Aufrechterhaltung des Beschlusses zu entscheiden. In der Sache selbst kann nicht erkannt werden (OVG. 37 170). Die Aufhebung ist auch dann zulässig, wenn dadurch die Rechte Dritter, die zum Verfahren nicht zugezogen werden, berührt werden (OVG. 25 314, 373, 31 327; v. Kamptz a. a. O. 4 198, 298, 304). S. auch A. 5.

[5]) Parteien sind nur: der anfechtende PräsLKA. und die Spruchkammer.

Fünfter Titel.

Zwangsbefugnisse [1]).

[1]) § 132 und § 133 Abs. 3 fanden bei der Güterkons. im Reg.-Bez. Wiesbaden nach § 13 G. 4. 8. 1904 (GS. 191) Anwendung; an Stelle des § 133 Abs. 1 LVG. galt § 14 a. a. O. Die letztere Vorschrift ist beseitigt; dagegen bleibt § 13 der Sache nach in Kraft.

Die §§ 132, 133 LVG. gelten für die AuseinBeh. nach § 28 OrgG. Sie treten u. z. auch für das Verf. des LKA. an die Stelle der bisherigen Vorschriften über Erzwingung von Handlungen oder Unterlassungen oder zur Erwirkung der Herausgabe von Sachen (§§ 883—898 ZPO. vbd. § 1 G. 18. 2. 1880).

§ 132.

Der Regierungspräsident, der Landrat, die Ortspolizeibehörde und der Gemeinde-(Guts-)Vorsteher (-Vorstand) [1]) sind berechtigt, die von ihnen in Ausübung der obrig- 1. Zwangsmittel.

keitlichen Gewalt getroffenen, durch ihre gesetzlichen Befugnisse gerechtfertigten Anordnungen[2]) durch Anwendung folgender Zwangsmittel durchzusetzen:

1. Die Behörde hat, sofern es tunlich ist, die zu erzwingende Handlung durch einen Dritten ausführen zu lassen und den vorläufig zu bestimmenden Kostenbetrag im Zwangswege von den Verpflichteten einzuziehen.
2. Kann die zu erzwingende Handlung nicht durch einen Dritten geleistet werden, oder steht es fest, daß der Verpflichtete nicht imstande ist, die aus der Ausführung durch einen Dritten entstehenden Kosten zu tragen, oder soll eine Unterlassung erzwungen werden, so sind die Behörden berechtigt, Geldstrafen anzudrohen und festzusetzen, und zwar:
   a) die Gemeinde- (Guts-) Vorsteher bis zur Höhe von fünf Mark;
   b) die Ortspolizeibehörden und die städtischen Gemeinde-Vorsteher (-Vorstände) in einem Landkreise bis zur Höhe von sechszig Mark;
   c) die Landräte,[1]) sowie die Polizeibehörden und Gemeinde-Vorsteher (-Vorstände) in einem Stadtkreise bis zur Höhe von einhundertfünfzig Mark;
   d) der Regierungspräsident[2]) bis zur Höhe von dreihundert Mark.

Gleichzeitig ist nach Maßgabe der §§ 28, 29 des Strafgesetzbuchs für das Deutsche Reich die Dauer der Haft festzusetzen, welche für den Fall des Unvermögens an die Stelle der Geldstrafe treten soll[3]). Der Höchstbetrag dieser Haft ist

in den Fällen zu a ein Tag,
in den Fällen zu b eine Woche,

in den Fällen zu c zwei Wochen,
in den Fällen zu d vier Wochen.

Der Ausführung durch einen Dritten (Nr. 1) sowie der Festsetzung einer Strafe (Nr. 2) muß immer eine schriftliche Androhung vorhergehen; in dieser ist, sofern eine Handlung erzwungen werden soll, die Frist zu bestimmen, innerhalb welcher die Ausführung gefordert wird[4]).

3. Unmittelbarer Zwang darf nur angewendet werden, wenn die Anordnung ohne einen solchen unausführbar ist.

[1]) An die Stelle des Landrats tritt der BKA. (§ 28 S. 2 OrgG.).

[2]) Über die Voraussetzungen der Vollstreckungen s. A. 2 zu § 28 OrgG.

[3]) Je ein Tag Haft für 1 bis 15 Mark Geldstrafe.

[4]) Rechtsmittel gegen die Androhung: § 133 LVG.

§ 133.

2. Rechtsmittel.

(1) Gegen die Androhung eines Zwangsmittels finden dieselben Rechtsmittel statt, wie gegen die Anordnungen, um deren Durchsetzung es sich handelt. Die Rechtsmittel erstrecken sich zugleich auf diese Anordnungen, sofern dieselben nicht bereits Gegenstand eines besonderen Beschwerde- oder Verwaltungsstreitverfahrens geworden sind[1]).

(2) Gegen die Festsetzung und Ausführung eines Zwangsmittels findet in allen Fällen nur die Beschwerde im Aufsichtswege inerhalb zwei Wochen statt[2]).

(3) Haftstrafen, welche an Stelle einer Geldstrafe nach § 132 Nr. 2 festgesetzt sind, dürfen vor ergangener endgültiger Beschlußfassung oder rechtskräftiger Entscheidung auf das eingelegte Rechtsmittel beziehungsweise

vor Ablauf der zur Einlegung desselben[3]) bestimmten Frist nicht vollstreckt werden.

[1]) Abs. 1 hat den Fall im Auge, daß die Androhung des Zwangsmittels sogleich bei Erlaß der zu erzwingenden Anordnung erfolgt. Im Verf. vor den AuseinBeh. wird dieser Fall nur selten eintreten, die Androhung wird vielmehr regelmäßig erst der Anordnung, Entscheidung, Vereinbarung usw. nachfolgen. Das Rechtsmittel gegen die Anordnung usw. kann sich daher regelmäßig nicht auf die Androhung erstrecken. Zulässig ist das Rechtsmittel, das gegen die (erstinstanzliche) Entscheidung des VKA. gegeben ist oder (bei der Vollstreckung aus dem Rezeß, dem AuseinPlan, einer Vereinbarung) gegeben sein würde, wenn über den Rezeß usw. gestritten und vom VKA. in erster Instanz entschieden worden wäre. Es findet also die (binnen zwei Wochen einzulegende) Beschwerde an die Spruchkammer und die (binnen derselben Frist einzulegende) weitere Beschwerde an das OLKA. statt, die weitere Beschwerde aber nur, wenn die Entscheidung der Spruchkammer nicht endgültig ist (Anders: § 14 G. 4. 8. 1904 GS. 191). — Das im Abs. 1 erwähnte VerwStreitverf. kommt hier nicht in Frage.

[2]) Also die Beschwerde an den PräsLKA. Geht die Beschwerde erst nach Ablauf der Beschwerdefrist ein, so kann der PräsLKA. nach § 50 Abs. 8 LVG. einschreiten (OVG. 29, 400). — „Festsetzung" ist die Verwirklichung der „Androhung" durch eine besondere, die „Ausführung" anordnende, Verfügung des VKA.

[3]) Das Rechtsmittel ist die Beschwerde des Abs. 1 (gegen die Androhung) oder des Abs. 2 (gegen die Festsetzung des angedrohten Zwangsmittels). Beide Rechtsmittel müssen erledigt sein.

III.

Geschäftsordnung für die Spruchkammern bei den Landeskulturämtern.

Vom 26. September 1919.

Auf Grund des § 17 des Gesetzes über Landeskulturbehörden vom 3 Juni 1919 (GS. S 101) ergeht für den Geschäftsgang und das Verfahren bei den Spruchkammern nachstehende Geschäftsordnung, welche gleichzeitig mit dem genannten Gesetz in Kraft tritt.

Art des Verfahrens.

§ 1.

Auf das Verfahren der Spruchkammer finden die Vorschriften des LVG. über das Beschlußverfahren sinngemäß Anwendung.

Sitzungen. Einberufung der Stellvertreter. Beurlaubung. Ferien.

§ 2.

Sitzungen sollen an regelmäßig im voraus bestimmten Tagen abgehalten werden. Die näheren Bestimmungen darüber trifft der Vorsitzende.

Dem Vorsitzenden liegt es ob, im Bedürfnisfall außerordentliche Sitzungen anzuberaumen.

Die gewählten Mitglieder werden in der ersten Sitzung, an der sie teilnehmen, von dem Vorsitzenden durch Abnahme des Staatsdienereides vereidigt.

§ 3.

Von den Sitzungstagen ist dem Präsidenten des Landeskulturamtes unter Mitteilung der zur Beschlußfassung oder zur mündlichen Verhandlung anstehenden Sachen rechtzeitig Anzeige zu machen.

Er ist berechtigt, an den Verhandlungen der Spruchkammer teilzunehmen oder sich hierbei durch einen der ihm beigegebenen höheren Beamten vertreten zu lassen.

Bei der Abstimmung darf er selbst oder sein Vertreter nicht zugegen sein.

§ 4.

Ein Mitglied, welches durch Krankheit oder sonstige nicht zu beseitigende Umstände verhindert ist, einer Sitzung beizuwohnen oder die ihm sonst obliegenden Geschäfte wahrzunehmen, hat dies sofort dem Vorsitzenden anzuzeigen.

Die Stellvertreter der gewählten Mitglieder werden durch den Vorsitzenden, wenn die Wahlkörperschaften bei der Wahl eine Reihenfolge bestimmt haben, nach dieser, anderenfalls nach der durch Beschluß der Spruchkammer zu bestimmenden Reihenfolge einberufen.

Von der Reihenfolge darf, abgesehen von dringenden Fällen, nur aus besonderen Gründen abgewichen werden, namentlich:

wenn im einzelnen Fall bekannt ist, daß der der Reihenfolge nach zur Teilnahme berufene Stellvertreter bei einer der zur Verhandlung kommenden Sache beteiligt ist, oder

wenn es nach Lage des Falles dringend erwünscht ist, daß an der Entscheidung ein Stellvertreter teilnimmt, der die zu beurteilenden tatsächlichen Verhältnisse gründlich kennt oder der bereits in früheren Verhandlungen über eine zur Entscheidung stehende Sache teilgenommen hat.

Bei jeder Abweichung von der festgestellten Reihenfolge sind die Gründe aktenkundig zu machen.

§ 5.

Die Mitglieder oder deren Stellvertreter erhalten Tagegelder und Reisekosten nach den für Staatsbeamte der 4. Rangklasse bestehenden gesetzlichen Vorschriften. Die am Sitze des Landeskulturamts oder in geringerer Entfernung als 2 km wohnenden gewählten Mitglieder und deren Stellvertreter [1]) erhalten für die Teilnahme an den Sitzungen eine Pauschvergütung von 12 Mark für den Tag [2]).

[1]) Der ungenau ausgedrückte Sinn ist selbstverständlich, daß die Stellvertreter sich nur dann mit dem Pauschsatz zufrieden geben sollen, wenn sie selbst nicht über 2 km vom Sitz des LKA. entfernt wohnen.

[2]) Die Bestimmung Satz 1 entspricht dem § 7 Abs. 1 OrgG. Die Bestimmung Satz 2 wird durch diese Gesetzesvorschrift nicht gedeckt.

§ 6.

Die gewählten Mitglieder und ihre Stellvertreter haben bei beabsichtigter längerer Entfernung von ihrem Wohnorte dem Vorsitzenden sofort Anzeige zu machen. Dieser ordnet die erforderliche Stellvertretung unter Beachtung der im § 4 gegebenen Vorschriften an.

§ 7.

Die Spruchkammer hält Ferien in der Zeit vom 21. Juli bis zum 1. September.

Während der Ferien dürfen Termine zur mündlichen Verhandlung der Regel nach nur in schleunigen Sachen abgehalten werden. Auf den Lauf der gesetzlichen Fristen bleiben die Ferien ohne Einfluß.

Befugnisse und Obliegenheiten des Vorsitzenden und seines Stellvertreters.

§ 8.

Der Vorsitzende leitet und beaufsichtigt den gesamten Geschäftsgang und sorgt für die rechtzeitige Erledigung der Geschäfte.

Er öffnet die eingehenden Schriftstücke und vermerkt auf ihnen den Tag des Eingangs. Er kann hiermit auch einen vereidigten Bureaubeamten beauftragen.

§ 9.

Der Vorsitzende ist bei seinen Entscheidungen an Weisungen der Dienstvorgesetzten nicht gebunden, jedoch hat er einer Anweisung des Präsidenten des Landeskulturamts, aus Gründen des öffentlichen Interesses die weitere Beschwerde gemäß § 123 des LVG. einzulegen, zu entsprechen.

§ 10.

Der Vorsitzende kann die Berichterstattung in den zur Beschlußfassung gelangenden Sachen selbst übernehmen. Mit Genehmigung des Präsidenten des Landeskulturamts kann er die Räte und Hilfsarbeiter des Landeskulturamts zu Berichterstattern und Mitberichterstattern bestellen.

Der Vorsitzende kann eine schriftliche Berichterstattung anordnen.

Er zeichnet die Urschriften aller Verfügungen.

§ 11.

Die Befugnis des Vorsitzenden, in den Fällen des § 117 LVG. namens der Spruchkammer Verfügungen zu erlassen und Bescheide zu erteilen, fällt fort, wenn die Beteiligten die mündliche Verhandlung beantragt haben oder eine solche gesetzlich vorgeschrieben ist.

Die durch Beschwerde angefochtenen Beschlüsse des Kulturamts dürfen nur durch die Spruchkammer selbst geändert werden.

Alle Verfügungen, die, ohne der sachlichen Entscheidung vorzugreifen, zu ihrer Vorbereitung dienen oder die Leitung des Verfahrens bezwecken, sind von dem Vorsitzenden in dieser seiner Eigenschaft oder unter seiner Mitzeichnung von einem durch den Präsidenten des Landeskulturamts zu bestellenden Mitgliede oder Hilfsarbeiter des Landeskulturamts selbständig zu erlassen; dem Ermessen des Vorsitzenden bleibt es in allen Fällen überlassen, einen vorgängigen Vortrag in der Spruchkammer anzuordnen.

§ 12.

Der Vorsitzende ist befugt, in den Sachen, die er dazu für geeignet hält, die Beschlußfassung auf schriftlichem Wege durch Umlauf herbeizuführen.

Beschlüsse durch Umlauf müssen einstimmig gefaßt werden. Treten Meinungsverschiedenheiten hervor, so muß die Sache auf die Tagesordnung der nächsten Sitzung gesetzt werden.

§ 13.

Der Vorsitzende leitet die Verhandlungen und die Beratungen in den Sitzungen; er stellt die Fragen und sammelt die Stimmen. Meinungsverschiedenheiten entscheidet die Spruchkammer durch Abstimmung.

Die gemäß § 10 bestimmten Berichterstatter nehmen an den Verhandlungen und Beratungen mit beratender Stimme teil.

Bei der Abstimmung stimmt der Berichterstatter zuerst ab, nach ihm der Mitberichterstatter, hierauf stimmen die übrigen gewählten Mitglieder in der durch ihr Lebensalter sich ergebenden Reihenfolge, und zwar von dem jüngsten angefangen, zuletzt stimmt der Vorsitzende, wenn er nicht selbst Berichterstatter oder Mitberichterstatter ist. Bei Stimmengleichheit gibt der dem Lebensalter nach Älteste den Ausschlag.

Berichterstatter und Mitberichterstatter, die nur beratende Stimme haben (Abs. 2), geben ihr Gutachten vor Beginn der Abstimmung ab.

Die Abstimmung der einzelnen Mitglieder darf in dem Verhandlungsprotokoll und in den Entscheidungen keinen schriftlichen Ausdruck finden.

Mündliche Verhandlung.

§ 14.

Die zur mündlichen Verhandlung bestimmten Sachen werden der Regel nach in der durch den Vorsitzenden bestimmten, durch Aushang vor dem Sitzungszimmer bekannt zu machenden Reihenfolge erledigt. In der Vorladung ist die zur mündlichen Verhandlung bestimmte Stunde anzugeben. Die mündliche Verhandlung ist durch einen Vortrag des Vorsitzenden oder des Berichterstatters einzuleiten; alsdann ist den Beteiligten das Wort zu geben.

Der Vorsitzende hat dahin zu wirken, daß das Sachverhältnis vollständig aufgeklärt wird und sachgemäße Anträge von den Beteiligten gestellt werden.

§ 15.

Durch Aufnahme in das Protokoll über die mündliche Verhandlung sind insbesondere festzustellen:

a) neue tatsächliche Erklärungen und neue Anträge der Beteiligten oder die Tatsache, daß solche aus den Vorträgen der Beteiligten nicht zu entnehmen waren;
b) Anerkenntnisse, Verzichtleistungen und Vergleiche, durch welche ein geltend gemachter Anspruch ganz oder teilweise erledigt wird;
c) die Aussagen der Zeugen und Sachverständigen, welche im Termine zur mündlichen Verhandlung vernommen werden;
d) die zum Zwecke der Aufklärung des Sachverhalts oder der förmlichen Beweisaufnahmen erfolgte Vorlegung von Akten und Vorlesung von Schriftstücken;
e) das Ergebnis eines im Termin eingenommenen Augenscheins.

Das Protokoll ist, soweit es die unter a bis e bezeichneten Gegenstände betrifft, den Beteiligten vorzulesen oder zur Durchsicht vorzulegen. In dem Protokoll ist zu bemerken, daß dies geschehen und die Genehmigung erfolgt sei, oder welche Einwendungen erhoben sind.

Den Beteiligten ist auf Erfordern Abschrift des über die mündliche Verhandlung aufgenommenen Protokolls zu erteilen.

§ 16.

Der Vorsitzende handhabt gemäß §§ 72, 119 LVG. die Ordnung in der mündlichen Verhandlung und führt erforderlichenfalls einen Beschluß der Spruchkammer über den Ausschluß der Öffentlichkeit herbei.

§ 17.

Der Vorsitzende verkündet den ergangenen Beschluß. Wird die Verkündung der Gründe für angemessen erachtet, so werden sie vorgelesen oder es wird ihr wesentlicher Inhalt mündlich mitgeteilt.

Kann der Beschluß nicht sofort verkündet werden, so genügt die Zustellung des mit Gründen versehenen Beschlusses an die Beteiligten. Doch muß ein Beschluß, der auf mündliche Verhandlung ergeht, stets von den Mitgliedern gefaßt werden, vor denen die mündliche Verhandlung stattgefunden hat.

Urschriften und Ausfertigungen.

§ 18.

Im Eingange aller Endentscheidungen sind die Mitglieder namentlich aufzuführen, die an der Beschlußfassung teilgenommen haben; auch ist darin der Tag der Beschlußfassung zu bezeichnen.

Die Urschriften der vorgenannten sowie aller sonstigen Beschlüsse sind von dem Vorsitzenden und wenigstens zwei Mitgliedern, welche an der Beschlußfassung teilgenommen haben, zu vollziehen.

§ 19.

Die von der Spruchkammer erlassenen Entscheidungen sind in der Ausfertigung mit der Unterschrift:

„Die Spruchkammer des Landeskulturamts zu NN“

und dem Siegel der Spruchkammer entsprechend dem Siegel des Landeskulturamts mit der Umschrift:

„Die Spruchkammer des Landeskulturamts in NN“

zu versehen und von dem Vorsitzenden zu vollziehen.

Bei Bescheiden und Verfügungen, welche von dem Vorsitzenden allein erlassen werden und gegen welche das Gesetz ausdrücklich den Antrag auf Beschlußfassung durch das Kollegium zuläßt (§ 117 Abs. 3 LVG.), lautet die Unterschrift:

„Namens der Spruchkammer des Landeskulturamts
Der Vorsitzende.“

Für Verfügungen zur Leitung des Verfahrens und zur Vorbereitung der sachlichen Entscheidung ist die Beglaubigung durch einen mittleren Beamten ausreichend.

§ 20.

Die gemäß §§ 117, Abs. 3, 122 Abs. 2 LVG. zu erteilende Belehrung über die Rechtsmittel ist stets am Schlusse der betreffenden Bescheide und Verfügungen zu erteilen.

Zustellungen.

§ 21.

Die Zustellungen erfolgen nach den Vorschriften der Auseinandersetzungsgesetze (§ 17 Abs. 1 Satz 1 des Gesetzes über Landeskulturbehörden) durch die Post oder durch Beamte des Landeskulturamts. Der Vorsitzende kann auch ein Kulturamt um die Zustellung ersuchen.

Rücksendung der Akten in die erste Instanz.

§ 22.

Das bei der Spruchkammer in zweiter Instanz entstehende Aktenmaterial ist zu den Akten der ersten Instanz zu nehmen und mit diesen zurückzusenden, mit Ausnahme der Gutachten der Berichterstatter, der Schreiben, mit denen das Kulturamt die Akten zur Entscheidung vorgelegt hat, und der Urschriften der in zweiter Instanz ergangenen Entscheidungen und Bescheide, von denen eine beglaubigte Abschrift zu den Akten der ersten Instanz zu erteilen ist. Hat der Vorsitzende der Spruchkammer in zweiter Instanz einen Bescheid nach § 11 dieser Geschäftsordnung in Verbindung mit § 117 Abs. 3 bis 5 LVG. erlassen, so ist die Rücksendung der Akten auszusetzen und abzuwarten, ob gegen den Bescheid auf Beschluß der Spruchkammer angetragen wird.

Einreichung der Akten an die Beschwerdeinstanz.

§ 23.

Bei Einreichung der Akten durch die Spruchkammer an die höhere Instanz ist auf die Vollständigkeit des Aktenmaterials Bedacht zu nehmen; die Akten sind mit Blattzahlen und mit einem vorzuheftenden vollständigen Inhaltsverzeichnis zu versehen. In dem Begleitbericht ist der Gegenstand des Rechtsmittels zu bezeichnen und auf die Blattzahlen Bezug zu nehmen. In den Fällen der weiteren Beschwerde ist auch auf die Blattzahlen des Beschlusses erster Instanz, der in zweiter Instanz gewechselten Schriftsätze und der von den Beteiligten ausgestellten Vollmachten zu verweisen.

Kosten.

§ 24.

Die durch Anträge und unbegründete Einwendungen erwachsenen baren Auslagen, sowie die Nebenkosten des Verfahrens gemäß § 29 Abs. 3 des Gesetzes über Landeskulturbehörden in Verbindung mit § 4 Nr. 3 Abs. 2 des Kostengesetzes vom 24. Juni 1875 werden nach den hierüber besonders ergehenden Bestimmungen eingezogen.

Dienstaufsicht.

§ 25.

Der Präsident des Landeskulturamts führt die dienstliche Aufsicht über die Geschäftsführung der Spruchkammer, auf Vorstellung gegen seine geschäftlichen Aufsichtsverfügungen entscheidet der Minister für Landwirtschaft, Domänen und Forsten.

Die Einrichtung der erforderlichen Geschäftsnachweisungen bleibt bis auf weiteres dem Vorsitzenden der Spruchkammer überlassen.

Die erforderlichen Geschäftsräume, das erforderliche Beamtenpersonal und den Bürobedarf hat der Präsident des Landeskulturamts der Spruchkammer zur Verfügung zu stellen.

Geschäftsjahr. Jahresbericht.

§ 26.

Das Geschäftsjahr der Spruchkammer ist das Kalenderjahr. Am Jahresschlusse hat der Vorsitzende durch die Hand des Präsidenten des Landeskulturamts dem Minister für Landwirtschaft, Domänen und Forsten eine Übersicht der vorgekommenen Geschäfte einzureichen. In der Übersicht ist die Zahl der im Laufe des Jahres abgehaltenen Sitzungen, die Zahl der anhängig gewordenen erledigten und unerledigt gebliebenen Sachen unter besonderer Bezeichnung derjenigen, in denen mündliche Verhandlung stattgefunden hat, anzugeben. In den Bericht sind die gutachtlichen Bemerkungen aufzunehmen, zu denen die bei Handhabung der materiellen und Verfahrensvorschriften der einschlagenden Gesetzgebung und ihrer Ausführungsanweisungen gemachten Erfahrungen Anlaß geben.

Abschrift des Jahresberichts nebst Anlagen ist dem Oberlandeskulturamt einzureichen.

Berlin, den 26. September 1919.

Der Minister für Landwirtschaft, Domänen und Forsten.

Braun.

IV.

Geschäftsordnung für das Oberlandeskulturamt.

Vom 30. September 1919.

Auf Grund des § 17 des Gesetzes über Landeskulturbehörden v. 3. 6. 1919 (GS. S. 101) ergeht zur Regelung des Geschäftsganges und des Verfahrens bei dem Oberlandeskulturamt nachstehende Geschäftsordnung, die gleichzeitig mit dem genannten Gesetz in Kraft tritt.

Präsident.

§ 1.

Der Präsident leitet und beaufsichtigt den gesamten Geschäftsgang. Er sorgt dafür, daß die eingehenden Schriftstücke mit einem den Tag des Eingangs bekundenden Vermerk versehen werden. Er verfügt in allen Verwaltungsangelegenheiten, insbesondere in denen, die das Rechnungswesen, die nötigen Anschaffungen, die Erhaltung der Geschäftsräume, die Ergänzung der Bücherei u. dgl. betreffen.

Der Präsident ernennt ferner die mittleren, Kanzlei- und Unterbeamten, überwacht ihre Dienstführung, verteilt unter sie die Geschäfte, erläßt für sie die nötigen Dienstanweisungen, erteilt ihnen Urlaub und übt über sie die Disziplin (§ 60 Nr. 6, § 64 Nr. 4 des Gesetzes, betr. die Dienstvergehen der nichtrichterlichen Beamten usw. v. 21. Juli 1852, GS. S. 465).

Ist der Präsident verhindert, so vertritt ihn ein Mitglied. Die Reihenfolge, in der die Mitglieder zur Vertretung berufen sind, wird durch ihr Dienstalter, bei gleichem Dienstalter durch ihr Lebensalter bestimmt.

Berichterstatter.

§ 2.

Für die zur Beschlußfassung gelangenden Sachen hat der Präsident einen Berichterstatter, und nach seinem Ermessen einen Mitberichterstatter zu ernennen.

Der Präsident kann schriftliche Berichterstattung anordnen[1].

[1]) § 34 V. 20. 6. 1817 (GS. S. 161) bestimmt: „Die Spruchsachen werden allemal schriftlich vorgetragen und es wird zu dem Ende ein Re- und ein Korreferent ernannt, deren Wahl von dem Ermessen des Direktors abhängt." Spruchsachen in dem hier gemeinten Sinne sind Streitigkeiten i. S der §§ 21, 23 OrgG., § 126 LVG Die Vorschrift wurde auch in den vom OLKG. zu erledigenden hannoverschen und Konsolidationssachen aus dem Reg.-Bez. Wiesbaden angewendet, wobei man offenbar davon ausging, daß es sich um eine Vorschrift über die Verfassung des OLKG, nicht über das Verfahren, handelte; die Verfahrensvorschriften hätten die Anwendung hier nicht gefordert. Es ist daher zweifelhaft, ob § 34 a. a. O, wie § 4 GeschO. anscheinend voraussetzt, durch § 17 OrgG. beseitigt ist.

Sitzungen.

§ 3.

Sitzungen sollen tunlichst an einem ein- für allemal bestimmten Tage der Woche abgehalten werden. Die näheren Bestimmungen darüber trifft der Präsident.

In den Sitzungen führt der Präsident den Vorsitz. Er leitet die Beratung, stellt die Fragen und sammelt die Stimmen. Bei Meinungsverschiedenheiten über die Fragestellung oder das Ergebnis der Abstimmung entscheidet das Kollegium.

Die Abstimmung der einzelnen Mitglieder darf keinen schriftlichen Ausdruck finden. Jedoch ist jedes Mitglied berechtigt, seine abweichende Ansicht schriftlich darzulegen und zu begründen und das Schriftstück zu den Akten zu geben.

Bei der Abstimmung stimmt der Berichterstatter zuerst; nach ihm der zweite Berichterstatter; hierauf stimmen die übrigen Mitglieder in der durch ihre Ernennung zum Mitgliede und bei gleichem Dienstalter durch ihr Lebensalter bestimmten Reihenfolge, der jüngste zuerst; der Präsident stimmt zuletzt.

Mündliche Verhandlung.

§ 4.

Außer den Fällen, in denen eine mündliche Verhandlung vor dem Oberlandeskulturamt gesetzlich vorgeschrieben ist[1]), hat der Präsident eine solche nach Eingang des schriftlichen Berichts, in schleunigen Sachen auch schon vor dessen Eingang anzuberaumen, wenn er sie in Übereinstimmung mit den ernannten Berichterstattern für zweckmäßig hält. Sind der Präsident und die Berichterstatter über die Zweckmäßigkeit verschiedener Meinung, so entscheidet das Kollegium[2]).

Die mündlich zu verhandelnden Sachen werden in der Regel in der durch den Präsidenten bestimmten, durch Aushang vor dem Sitzungszimmer bekannt zu machenden Reihenfolge erledigt.

Die mündliche Verhandlung wird vom Präsidenten geleitet. Sie beginnt mit dem Vortrage des Sachverhalts durch den Berichterstatter. Sind die Parteien erschienen, so kann der Vortrag diesen überlassen werden.

Bei der Beratung und Abstimmung dürfen nur Mitglieder und Hilfsarbeiter des Oberlandeskulturamts zugegen sein. Mit Zustimmung des Kollegiums können an der Beratung auch die vernommenen technischen Staats- oder Gemeindebeamten teilnehmen.

Der Präsident verkündet die Entscheidung durch Verlesung der Entscheidungsformel und gibt, wenn er es für angemessen hält, die Entscheidungsgründe durch Verlesung oder durch Mitteilung ihres wesentlichen Inhalts bekannt. Das Kollegium kann beschließen, an Stelle der mündlichen Verkündung die mit Gründen versehene Entscheidung den Parteien lediglich zuzustellen.

[1]) Einziger Fall: § 126 LVG.

[2]) Der Gerichtshof kann selbstverständlich auch dann Anberaumung der mündlichen Verhandlung beschließen, wenn Präsident und Berichterstatter von ihr absehen wollen.

Hilfsarbeiter.

§ 5.

Ist in einer Sitzung die Zahl der Hilfsarbeiter größer als die der ordentlichen Mitglieder, so nehmen an der Entscheidung nur so viele von ihnen teil, daß die ordentlichen Mitglieder die Mehrheit bilden. Die Hilfsarbeiter scheiden in der Reihenfolge ihrer Einberufung, bei gleicher Einberufung ihres Lebensalters aus, der jüngste zuerst, jedoch der Berichterstatter zuletzt.

Vorbereitende Verfügungen. Behandlung von Eingaben.

§ 6.

Verfügungen zur Leitung des Verfahrens und zur Vorbereitung der Entscheidung, die der Entscheidung selbst nicht vorgreifen, kann der Berichterstatter unter Zustimmung des Präsidenten ohne Vortrag erlassen.

Eingaben, die keine Beschlußfassung des Oberlandeskulturamts erfordern, können vom Präsidenten ohne Vortrag beantwortet oder an die zuständige Stelle abgegeben werden. Wird durch die Eingabe ein Rechtsmittel eingelegt, so hat sie das Sekretariat unverzüglich an die Behörde weiter zu geben, gegen deren Entscheidung das Rechtsmittel gerichtet ist.

Form der Endentscheidungen.

§ 7.

Im Eingang der Endentscheidungen[1]) sind die Mitglieder, die an der Beschlußfassung teilgenommen haben, namentlich aufzuführen; auch ist der Tag der Beschlußfassung anzugeben.

Die Urschriften der Endentscheidungen sind von allen Mitgliedern oder Hilfsarbeitern, die an der Beschlußfassung teilgenommen haben, zu vollziehen. Ist ein Mitglied oder Hilfsarbeiter an der Vollziehung verhindert, so ist der Grund der Verhinderung von dem Vorsitzenden anzugeben und zu bescheinigen. Ist der Vorsitzende verhindert, so tritt das dienstälteste der an der Entscheidung beteiligten Mitglieder an seine Stelle.

Die Endentscheidungen sind unter dem Siegel des Oberlandeskulturamts und mit der Schlußformel

Urkundlich unter dem Siegel des Oberlandeskulturamts und der verordneten Unterschrift

auszufertigen und vom Präsidenten zu vollziehen.

[1]) Der Ausdruck ist dem § 300 ZPO. entlehnt: „Ist der Rechtsstreit zur Endentscheidung reif, so hat das Gericht dieselbe durch Endurteil zu erlassen." Die „Endentscheidung" entspricht also dem im bürgerlichen Rechtsstreit und im Verwaltungsstreitverfahren (vgl. z. B. § 82 LVG) ergehenden Endurteile. Vgl. auch § 12 Regul. f. d. OVG. 22. 2. 1892 (MBl. 133).

Form der sonstigen Entscheidungen. Gutachten.

§ 8.

Die Urschriften der sonstigen Entscheidungen und Verfügungen und der vom Oberlandeskulturamt erstatteten Gutachten werden von den Berichterstattern und dem Präsidenten vollzogen und mit der Unterschrift des Präsidenten ausgefertigt. Die Entscheidungen ergehen unter dem Namen „das Oberlandeskulturamt".

Bei Bescheiden und Verfügungen, welche vom Präsidenten allein erlassen werden und gegen welche das Gesetz ausdrücklich den Antrag auf Beschlußfassung durch das Kollegium zuläßt (§ 117 Abs. 3 LVG.), lautet die Unterschrift: „Namens des Oberlandeskulturamts .... der Präsident" [1]).

Für vorbereitende Verfügungen (§ 6) genügt statt der Unterschrift des Präsidenten die Beglaubigung durch einen mittleren Beamten.

[1]) Über die Unzulässigkeit solcher Vorbescheide des Präs. OLKA. s. A. 2 zu § 117 LVG.

Siegel.

§ 9.

Das Oberlandeskulturamt führt ein größeres und ein kleineres Siegel.

Das größere Siegel mit der Umschrift „Preußisches Oberlandeskulturamt" wird nur bei der Ausfertigung der Endentscheidungen (§ 7) gebraucht.

Das kleinere Siegel wird mit der Umschrift „der Präsident des Preußischen Oberlandeskulturamts" vom Präsidenten, mit der Umschrift „Preußisches Oberlandeskulturamt, Kommissionssiegel" von dem Kommissar des Oberlandeskulturamts, mit der Umschrift „Sekretariat des Preußischen Ober-Landeskulturamts" vom Sekretariat gebraucht.

Akten.

§ 10.

Die Schreiben, mit denen die Akten dem Oberlandeskulturamt zur Entscheidung vorgelegt werden, die Vorarbeiten der Berichterstatter, die Urschriften der erlassenen Entscheidungen und Verfügungen und die etwa von einzelnen Mitgliedern überreichten Sondergutachten (§ 3 Abs. 3) werden beim Oberlandeskulturamt aufbewahrt.

Die sonst beim Oberlandeskulturamt entstandenen Vorgänge, insbesondere die Verhandlungs- und Beweisaufnahmeschriften, sind zu den Akten der ersten Instanz zu nehmen und mit diesen zurückzusenden.

Von den Entscheidungen erhält die Behörde, die in erster Instanz erkannt hat, eine Ausfertigung, die Behörde, die in zweiter Instanz erkannt hat, eine von einem mittleren Beamten beglaubigte Abschrift.

Zustellungen.

§ 11.

Die Zustellungen erfolgen nach den Vorschriften der Auseinandersetzungsgesetze (§ 17 Abs. 1 Halbs. 1 des Ges. über Landeskulturbehörden). Sie werden, wenn sie nicht durch die Post erfolgen (§§ 211, 212 der ZPO.), durch Beamte des Oberlandeskulturamts ausgeführt. Das Oberlandeskulturamt kann auch ein Landeskulturamt oder ein Kulturamt um die Zustellung ersuchen.

Kosten.

§ 12.

Die beim Oberlandeskulturamt entstehenden Kosten werden, soweit sie den Parteien zur Last fallen, nach den hierüber besonders ergehenden Bestimmungen eingezogen.

Geschäftsjahr. Geschäftsübersicht.

§ 13.

Das Geschäftsjahr ist das Kalenderjahr.

Am Schlusse des Geschäftsjahres hat der Präsiden dem Minister für Landwirtschaft, Domänen und Forsten ine Übersicht über die Geschäfte des Oberlandeskultur- amts im abgelaufenen Jahre einzureichen.

Ferien.

§ 14.

Das Oberlandeskulturamt hält Ferien in der Zeit vom 15. Juli bis 15. September. Auf den Lauf der gesetzlichen Fristen sind die Ferien ohne Einfluß.

In der Ferienzeit fallen die regelmäßigen Sitzungen aus. Zur Erledigung schleuniger Sachen beraumt der Präsident außerordentliche Sitzungen an.

Beurlaubung der Mitglieder.

§ 15.

Außer der Ferienzeit darf der Präsident sich nicht über acht Tage, ein Mitglied nicht über drei Tage und keinesfalls an einem Sitzungstage ohne Urlaub vom Sitz des Oberlandeskulturamts entfernen.

Die Erteilung von Urlaub an den Präsidenten steht dem Minister für Landwirtschaft, Domänen und Forsten zu. Mitgliedern kann der Präsident Urlaub bis zu sechs Wochen erteilen. Die Erteilung eines darüber hinausgehenden Urlaubs steht dem genannten Minister zu.

Berlin, den 30. September 1919.

Der Minister für Landwirtschaft, Domänen und Forsten.

Braun.

V.

Bekanntmachung des Ministers für Landwirtschaft, Domänen und Forsten, betreffend die Errichtung von Kulturämtern[1].

Vom 1. Oktober 1919.

(Beil. zum Deutschen Reichsanzeiger und Preußischen Staatsanzeiger Nr. 224)

Auf Grund des § 8 des Gesetzes über Landeskulturbehörden vom 3. Juni 1919 — GS. S. 101 — werden die nachstehend bezeichneten Kulturämter errichtet.

Die Einteilung tritt mit dem heutigen Tage in Kraft.

Berlin, den 1. Oktober 1919.

Der Minister für Landwirtschaft, Domänen und Forsten.

Braun.

Nr.	Sitz des Kulturamts	Bezirk des Kulturamts	Bemerkung
1.	2.	3.	4.
		I. Bezirk des Landeskulturamts der Provinz Schlesien in Breslau.	
1	Brieg	Kreise: Ohlau, Brieg-Stadt und Land, Strehlen, Nimptsch, Reichenbach, Münsterberg, Frankenstein, Neurade, Glatz, Habelschwerdt, Grottkau.	Wird einstweilen vom Kulturamt Breslau verwaltet.

[1]) Wegen der Bezirke der Landeskulturämter s. A. 2 zur Überschrift des OrgG (oben I). Sie decken sich — abgesehen von den uns entrissenen Teilen des Staatsgebiets — mit den Bezirken der bisherigen Generalkommissionen.

Nr.	Sitz des Kulturamts	Bezirk des Kulturamts	Bemerkung
1.	2.	3.	4.
2	Bunzlau	Kreise: Bunzlau, Lauban, Löwenberg.	Wird einstweilen vom K.-A. Görlitz verwaltet.
3	Breslau	Kreise: Militsch, Trebnitz, Wohlau, Neumarkt, Breslau-Stadt und Land.	
4	Danzig	Sämtliche Stadt- und Landkreise der Provinz Westpreußen.	
5	Gleiwitz	Kreise: Lublinitz, Tarnowitz, Beuthen-Stadt und Land, Hindenburg, Kattowitz-Stadt und Land, Tost-Gleiwitz, Gleiwitz-Stadt, Pleß, Königshütte-Stadt.	
6	Glogau	Kreise: Glogau, Lüben, Steinau, Guhrau und sämtliche Stadt- und Landkreise der Provinz Posen.	
7	Görlitz	Kreise: Hoyerswerda, Rothenburg, Görlitz-Stadt und Land, Sagan (Gemeinde- und Gutsbezirke südlich des Bober).	
8	Leobschütz	Kreise: Neisse-Stadt und Land, Neustadt, Kosel, Leobschütz.	
9	Liegnitz	Kreise: Liegnitz-Stadt und Land, Goldberg-Haynau, Jauer.	Wird einstweilen vom K.-A Görlitz verwaltet.
10	Namslau	Kreise: Oels, Groß Wartenberg, Namslau.	Wird einstweilen vom K.-A. Breslau verwaltet.

Nr.	Sitz des Kulturamts	Bezirk des Kulturamts	Bemerkung
1	2.	3	4
11	Oppeln	Kreise: Kreuzburg, Rosenberg, Oppeln-Stadt und Land, Falkenberg, Groß Strehlitz.	Wird instweilen vom K.-A. Breslau verwaltet.
12	Ratibor	Kreise: Rybnik, Ratibor Stadt und Land.	
13	Sagan	Kreise: Sagan (Gemeinden und Gutsbezirke nördlich des Bober)[1]), Sprottau, Freystadt, Grünberg.	Wird instweilen vom K.-A. Glogau verwaltet.
14	Schweidnitz	Kreise: Schweidnitz-Stadt und Land, Striegau, Waldenburg, Landeshut, Bolkenhain, Schönau, Hirschberg.	Wird instweilen vom K.-A. Breslau verwaltet.

II. Bezirk des Landeskulturamts der Provinz Hessen-Nassau mit Waldeck und Pyrmont in Cassel.

Nr.	Sitz des Kulturamts	Bezirk des Kulturamts	Bemerkung
1	Cassel	Kreise: Grafschaft Schaumburg, Hofgeismar, Wolfhagen, Cassel-Stadt und Land, Fritzlar, Melsungen und das Land Waldeck-Pyrmont.	
2	Dillenburg	Kreise: Dillkreis, Oberwesterwald, Westerburg, Biedenkopf (Amtsgerichtsbezirk Gladenbach).	
3	Eschwege	Kreise: Witzenhausen, Eschwege.	

[1]) Im Zweifelsfalle entscheidet die Lage der Ortschaft oder des Gutshofes.

Nr.	Sitz des Kulturamts	Bezirk des Kulturamts	Bemerkung
1.	2	3.	4.
4	Fulda-Ost	Kreise: Gersfeld und die Gemeinden und Gutsbezirke des Kreises Fulda östlich der Bahn Frankfurt—Bebra [1])	
5	Fulda-West	Kreise: Schlüchtern und die Gemeinden und Gutsbezirke des Kreises Fulda westlich der Bahn Frankfurt—Bebra [1]).	
6	Frankenberg	Kreise: Frankenberg, Biedenkopf (Amtsgerichtsbezirk Battenberg)	
7	Hersfeld	Kreise: Rotenburg a. d. F, Hersfeld.	
8	Hünfeld	Kreis: Hünfeld.	
9	Hanau	Kreise: Hanau-Stadt und Land, Gelnhausen.	
10	Limburg	Kreise: Oberlahn, Unterlahn, Limburg, Unterwesterwald.	
11	Marburg-Land	Kreise: Marburg (Gemeinden und Gutsbezirke südlich der Ohm und Lahn) [1]).	
12	Marburg-Biedenkopf	Kreise: Marburg (Gemeinden und Gutsbezirke nördlich der Ohm und Lahn) [1]), Biedenkopf (Amtsgerichtsbezirk Biedenkopf).	
13	Marburg-Kirchhain	Kreis: Kirchhain.	
14	Schmalkalden	Kreis: Herrschaft Schmalkalden.	
15	Treysa	Kreise: Ziegenhain, Homberg.	

[1]) Im Zweifelsfalle entscheidet die Lage der Ortschaft oder des Gutshofes.

Nr.	Sitz des Kulturamts	Bezirk des Kulturamts	Bemerkung
1.	2.	3.	4
16	Wiesbaden	Kreise: St Goarshausen, Untertaunus, Obertaunus, Rheingau, Wiesbaden-Stadt und Land, Höchst a. M., Frankfurt a. M.-Stadt, Usingen.	

III. Bezirk des Landeskulturamts der Rheinprovinz in Düsseldorf.

1	Aachen	Kreise: Montjoie, Eupen, Aachen-Stadt und Land, Geilenkirchen, Heinsberg.	
2	Adenau	Kreis: Adenau	
3	Altenkirchen	Kreis: Altenkirchen.	
4	Berncastel Cues	Kreise: Zell, Berncastel-Cues.	
5	Bonn	Kreise: Rheinbach, Bonn-Stadt und Land.	
6	Cöln	Kreise: Wipperfürth, Mülheim a. Rh.-Stadt und Land, Cöln-Stadt und Land, Bergheim.	
7	Düsseldorf	Kreise: Kempen, Crefeld-Stadt und Land, Hamborn-Stadt, Duisburg-Stadt, Oberhausen-Stadt, Mühlheim a d. Ruhr-Stadt, Essen-Stadt und Land, Mettmann, Elberfeld-Stadt, Barmen-Stadt, Lennep, Remscheid-Stadt, Solingen-Stadt und Land, Düsseldorf-Stadt und Land, Neuß-Stadt und Land, Grevenbroich, München-	

Nr.	Sitz des Kulturamts	Bezirk des Kulturamts	Bemerkung
1.	2	3.	4.
		Gladbach-Stadt und Land, Rheydt-Stadt.	
8	Düren	Kreis: Düren.	
9	Euskirchen	Kreise: Euskirchen, Schleiden.	
10	Jülich	Kreise: Jülich, Erkelenz.	
11	Mayen	Kreise: Mayen, Cochem.	
12	Neuwied	Kreise: Ahrweiler, Neuwied, Koblenz-Stadt und Land.	
13	Prüm	Kreise: Prüm, Daun, Malmedy.	
14	Simmern	Kreise: St. Goar, Simmern, Kreuznach, Meisenheim, St. Wendel.	
15	Sigmaringen	Kreise: Hohenzollernsche Lande.	
16	Siegburg	Kreis: Siegkreis.	
17	Trier	Kreise: Bitburg, Wittlich, Trier-Stadt und Land, Saarburg, Merzig, Saarlouis, Ottweiler, Saarbrücken-Stadt und Land.	
18	Waldbröl	Kreise: Gummersbach, Waldbröl.	
19	Wesel	Kreise: Kleve, Rees, Geldern, Mörs, Dinslaken.	
20	Wetzlar.	Kreis: Wetzlar.	

IV. Bezirk des Landeskulturamts für die Provinzen Brandenburg und Pommern in Frankfurt (Oder)

Provinz Brandenburg.

1	Berlin-Barnim	Kreise: Ober- und Niederbarnim, Berlin-Stadt, Lichtenberg-Stadt, Neukölln-Stadt, Eberswalde-Stadt.	

Nr.	Sitz des Kulturamts	Bezirk des Kulturamts	Bemerkung
1	2	3	4.
2	Berlin-Teltow	Kreise: Teltow, Charlottenburg Stadt, Wilmersdorf-Stadt, Schöneberg-Stadt, Potsdam Stadt, Zauch-Belzig, Jüterbog-Luckenwalde.	
3	Frankfurt a. d. Oder	Kreise: Ost- und Weststernberg, Lebus, Beeskow-Storkow, Frankfurt (Oder)-Stadt.	
4	Guben	Kreise: Guben-Stadt und Land, Forst-Stadt, Sorau, Krossen, Züllichau.	
5	Kottbus	Kreise: Lübben, Luckau, Kalau, Spremberg, Kottbus-Stadt und Land.	Wird einstweilen vom K.-A. Guben verwaltet.
6	Küstrin	Kreise: Soldin N. M., Königsberg N. M.	Wird einstweilen vom K.-A. Frankfurt a. O. verwaltet.
7	Landsberg a. d. Warthe	Kreise: Landsberg a. d. W.-Stadt und Land, Friedeberg N. M., Arnswalde.	Wird einstweilen vom K.-A. Frankfurt a. O. verwaltet.
8	Nauen	Kreise: Ost- und Westhavelland, Spandau-Stadt, Brandenburg a. H.-Stadt, Ruppin.	Wird einstweilen vom K.-A. Berlin-Barnim verwaltet.
9	Prenzlau	Kreise: Prenzlau, Templin, Angermünde.	Wird einstweilen vom K.-A. Frankfurt a. O. verwaltet.

Nr.	Sitz des Kultur-amts	Bezirk des Kulturamts	Bemerkung
1.	2	3.	4
10	Wittenberge	Kreise: West- und Ostprignitz.	Wird einstweilen vom K.-A. Berlin-Teltow verwaltet.

Provinz Pommern.

Nr.	Sitz des Kultur-amts	Bezirk des Kulturamts	Bemerkung
1	Belgard	Kreise: Belgard, Schivelbein.	Wird einstweilen vom K.-A. Köslin verwaltet.
2	Cöslin	Kreise: Cöslin, Kolberg-Körlin, Bublitz.	
3	Demmin	Kreise: Demmin, Anklam.	Wird einstweilen vom K.-A. Greifswald verwaltet.
4	Grimmen	Kreis: Grimmen.	Wird einstweilen vom K.-A. Greifswald verwaltet.
5	Greifswald	Kreise: Greifswald-Stadt und Land.	
6	Lauenburg	Kreis: Lauenburg.	
7	Naugard	Kreise: Naugard, Regenwalde, Greifenberg.	Wird einstweilen vom K.-A. Stettin verwaltet.
8	Stettin	Kreise: Stettin-Stadt, Usedom-Wollin, Ueckermünde, Randow, Cammin.	

Nr.	Sitz des Kulturamts	Bezirk des Kulturamts	Bemerkung
1.	2.	3.	4.
9	Stralsund	Kreise: Stralsund-Stadt, Rügen, Franzburg.	Wird einstweilen vom K.-A. Greifswald verwaltet.
10	Stargard	Kreise: Saatzig, Stargard-Stadt, Pyritz, Greifenhagen.	Wird einstweilen vom K.-A. Stettin verwaltet.
11	Neu Stettin	Kreise: Neu Stettin, Dramburg.	
12	Schlawe	Kreise: Schlawe, Rummelsburg i. P.	Wird einstweilen vom K.-A. Stolp verwaltet.
13	Stolp	Kreise: Stolp-Stadt und Land, Bütow.	

V. Bezirk des Landeskulturamts für die Provinzen Hannover und Schleswig-Holstein in Hannover.

Provinz Hannover.

1	Aurich	Kreise: Aurich, Wittmund, Norden, Emden-Stadt und Land.	Wird einstweilen vom K.-A Leer verwaltet.
2	Aschendorf	Kreis: Aschendorf.	Wird einstweilen vom K.-A. Leer verwaltet.
3	Bentheim	Kreis: Grafschaft Bentheim.	Wird einstweilen vom K.-A. Lingen verwaltet.

Nr.	Sitz des Kulturamts	Bezirk des Kulturamts	Bemerkung
1.	2.	3.	4.
4	Bremen	Kreise: Geestemünde-Stadt u. Land, Osterholz, Blumenthal.	Wird einstweilen vom K.-A. Lehe verwaltet.
5	Bremervörde	Kreise: Bremervörde, Zewen.	Wird einstweilen vom K.-A. Lehe verwaltet.
6	Celle	Kreise: Celle-Stadt und Land, Burgdorf, Peine.	Wird einstweilen vom K.-A Hannover verwaltet.
7	Diepholz	Kreis: Diepholz.	Wird einstweilen vom K.-A. Osnabrück verwaltet.
8	Fallingbostel	Kreis: Fallingbostel.	Wird einstweilen vom K.-A. Verden verwaltet.
9	Gifhorn	Kreise: Gifhorn, Isenhagen.	Wird einstweilen vom K.-A. Uelzen verwaltet.
10	Göttingen	Kreise: Göttingen-Stadt und Land, Duderstadt, Northeim, Einbeck, Uslar, Hann.-Münden.	

Nr.	Sitz des Kultur-amts	Bezirk des Kulturamts	Bemerkung
1.	2.	3.	4
11	Hannover	Kreise: Hannover-Stadt und Land, Linden-Stadt u. Land, Hildesheim-Stadt und Land, Springe a. D., Hameln, Gronau, Alfeld (Leine), Marienburg, Neustadt a. Rbg	
12	Lüneburg	Kreise: Lüneburg-Stadt und Land, Winsen a. L., Soltau.	Wird einstweilen vom K.-A. Uelzen verwaltet.
13	Lehe	Kreise: Neuhaus a. d. O., Hadeln, Lehe.	
14	Lingen	Kreis: Lingen a. d. Ems.	
15	Leer	Kreise: Leer, Weener.	
16	Meppen	Kreis: Meppen.	Wird einstweilen vom K.-A Lingen verwaltet
17	Nienburg a. W.	Kreise: Hoya, Nienburg a. W., Syke.	Wird einstweilen vom K.-A. Stolzenau verwaltet.
18	Osnabrück	Kreise: Osnabrück-Stadt und Land, Melle, Iburg, Wittlage, Bersenbrück.	
19	Osterode a. H.	Kreise: Osterode a. H., Goslar a. H, Zellerfeld a. H., Ilfeld a. H.	
20	Sögel	Kreis: Hümmling.	Wird einstweilen vom K.-A. Leer verwaltet.

Nr.	Sitz des Kulturamts	Bezirk des Kulturamts	Bemerkung
1.	2.	3.	4.
21	Stade	Kreise: Kehdingen, Jork, Stade, Harburg a. E.=Stadt u. Land.	Wird einstweilen vom K.=A. Lehe verwaltet.
22	Stolzenau	Kreise: Stolzenau (Weser), Sulingen.	
23	Uelzen	Kreise: Uelzen, Bleckede, Dannenberg, Lüchow.	
24	Verden a. A.	Kreise: Verden a. d. A., Rotenburg i. Hann., Achim.	

Provinz Schleswig=Holstein.

1	Flensburg	Kreise: Flensburg Stadt und Land, Hadersleben, Tondern, Apenrade, Sonderburg.	
2	Heide	Kreise: Husum, Norder- und Süderdithmarschen, Eiderstedt.	
3	Itzehoe	Kreise: Steinburg, Pinneberg, Altona=Stadt.	Wird einstweilen vom K.=A. Heide verwaltet.
4	Kiel	Kreise: Bordesholm, Kiel=Stadt, Plön, Oldenburg, Neumünster=Stadt.	
5	Oldesloe	Kreise: Herzogtum Lauenburg, Segeberg, Wandsbeck=Stadt, Stormarn.	Wird einstweilen vom K.=A. Kiel verwaltet.
6	Rendsburg	Kreis: Rendsburg.	Wird einstweilen vom K.=A. Kiel verwaltet.

Nr.	Sitz des Kulturamts	Bezirk des Kulturamts	Bemerkung
1.	2	3	4.
7	Schleswig	Kreise: Schleswig, Eckernförde.	Wird einstweilen vom K.-A. Flensburg verwaltet.

VI. Bezirk des Landeskulturamts der Provinz Ostpreußen in Königsberg i. Pr.

1	Allenstein	Kreise: Allenstein-Stadt und Land, Osterode Ostpreußen, Neidenburg, Ortelsburg, Rössel.	
2	Bartenstein	Kreise: Friedland, Gerdauen, Rastenburg.	Wird einstweilen vom K.-A Königsberg i. Pr. verwaltet.
3	Braunsberg	Kreise: Braunsberg, Heiligenbeil, Pr. Eylau.	Wird einstweilen vom K.-A. Königsberg i Pr. verwaltet.
4	Goldap	Kreise: Goldap, Stallupönen, Oletzko.	Wird einstweilen vom K.-A. Insterburg verwaltet
5	Pr. Holland	Kreise: Mohrungen, Pr. Holland, Heilsberg.	Wird einstweilen vom K.-A. Königsberg i. Pr. verwaltet.

Nr.	Sitz des Kulturamts	Bezirk des Kulturamts	Bemerkung
1.	2.	3.	4.
6	Insterburg	Kreise: Insterburg-Stadt und Land, Gumbinnen, Darkehmen.	
7	Königsberg i. Pr.	Kreise: Königsberg i. Pr.-Stadt und Land, Fischhausen, Wehlau.	
8	Lötzen	Kreise: Angerburg, Lötzen, Sensburg, Johannisburg, Lyck.	
9	Labiau	Kreis: Labiau.	Wird einstweilen vom K.-A. Königsberg i. Pr. verwaltet.
10	Tilsit	Kreise: Tilsit-Stadt und Land, Niederung, Ragnit, Pillkallen, Memel-Stadt und Land, Heydekrug.	

VII. Bezirk des Landeskulturamts für die Provinz Sachsen und die Länder Sachsen-Weimar, Sachsen-Meiningen, Anhalt, Sachsen-Coburg und Schwarzburg in Merseburg.

1	Coburg	Sachsen-Coburg: Verwaltungsbez. Coburg.	
2	Eisenach	a) Sachsen-Weimar: Verwaltungsbez. Eisenach, Dermbach, b) Sachsen-Meiningen: die in den Weimarischen Bezirken eingesprengten Enklaven.	
3	Erfurt	a) Preußen: Kreise: Weißensee, Erfurt-Stadt und Land, Schleusingen.	

Nr.	Sitz des Kultur=amts	Bezirk des Kulturamts	Bemerkung
1.	2	3.	4.
	Erfurt	b) Sachsen=Weimar: Verwaltungsbez Apolda, Weimar, Exklave Ilmenau,	
		c) Schwarzburg=Rudolstadt: Landratsamtsbezirke: Rudolstadt, Königsee,	
		d) Schwarzburg=Sondershausen: Landratsamtsbezirke: Arnstadt, Gehren,	
		e) Sachsen=Meiningen: die in den Weimarischen Bezirken eingesprengt liegenden Enklaven.	
4	Gardelegen	Kreise: Salzwedel, Gardelegen, Neuhaldensleben.	Wrd einstweilen vom K=A Stendal vrwaltet.
5	Halle a. d. S.	a) Preußen: Kreise: Bitterfeld, Delitzsch, Saalkreis, Halle=Stadt, Merseburg, Mansfelder Seekreis, Mansfelder Gebirgskreis, Eisleben=Stadt	
		b) Anhalt: Kreise: Zerbst, Dessau, Cöthen, Bernburg.	
6	Hildburghausen	a) Sachsen=Meiningen: Kreise: Meiningen, Hildburghausen, Sonneberg,	
		b) Sachsen=Weimar: die Enklaven im Bezirk Meiningen, die Exklave Ostheim.	

Nr.	Sitz des Kulturamts	Bezirk des Kulturamts	Bemerkung
1.	2	3.	4.
7	Magdeburg	a) Preußen: Kreise: Wolmirstedt, Jerichow I, Magdeburg-Stadt, Oschersleben, Wanzleben, Kalbe a. d. S., Halberstadt Stadt und Land, Grafschaft Wernigerode, Quedlinburg-Stadt u. Land, Aschersleben-Stadt, b) Anhalt: Kreise: Ballenstedt und die in den preußischen Kreisen Jerichow I, Kalbe, Oschersleben eingesprengt liegenden Enklaven.	
8	Mühlhausen	a) Preußen: Kreise: Mühlhausen-Stadt und Land, Langensalza, b) Schwarzburg-Sondershausen: Landratsamtsbezirke: Sondershausen, Ebeleben, c) Schwarzburg-Rudolstadt: Landratsamtsbezirk: Frankenhausen.	
9	Naumburg a. d. S.	a) Preußen: Kreise: Sangerhausen, Querfurt, Eckartsberga, Naumburg-Stadt und Land, Weißenfels-Stadt und Land, Zeitz-Stadt und Land, Ziegenrück, b) Sachsen-Meiningen: Kreis: Saalfeld, Exklave Kamburg, c) Sachsen-Weimar: Verwaltungsbez. Neustadt a. O. und die in d. preuß. Kreisen eingesprengt liegenden Enklaven.	

Nr.	Sitz des Kulturamts	Bezirk des Kulturamts	Bemerkung
1.	2.	3.	4
10	Nordhausen	Kreise: Nordhausen-Stadt, Grafschaft Hohenstein, Worbis, Heiligenstadt.	
11	Stendal	Kreise: Osterburg, Stendal-Stadt und Land, Jerichow II.	
12	Torgau	Kreise: Wittenberg, Schweinitz, Torgau, Liebenwerda.	Wird einstweilen vom K.-A. Halle a. S. verwaltet.

VIII. Bezirk des Landeskulturamts für die Provinz Westfalen und das Land Schaumburg-Lippe in Münster in Westfalen.

1	Ahaus	Kreis: Ahaus.	Wird einstweilen vom K.-A. Coesfeld verwaltet.
2	Arnsberg	Kreise: Arnsberg, Meschede.	
3	Brilon	Kreis: Brilon.	
4	Bielefeld	Kreise: Bielefeld-Stadt und Land, Herford-Stadt und Land, Halle i. W.	
5	Coesfeld	Kreise: Coesfeld, Borken.	
6	Dortmund	Kreise: Dortmund-Stadt und Land, Hörde-Stadt u. Land, Witten-Stadt, Hagen-Stadt und Land, Schwelm.	
7	Gütersloh	Kreise: Wiedenbrück, Warendorf, Beckum.	

Nr.	Sitz des Kulturamts	Bezirk des Kulturamts	Bemerkung
1.	2.	3	4.
8	Laasphe	Kreis: Wittgenstein.	Wird einstweilen vom K.=A. Siegen verwaltet.
9	Minden	Kreise: Lübbecke, Minden i. W. und das Land Schaumburg=Lippe.	
10	Münster	Kreise: Münster=Stadt u. Land, Lüdinghausen.	
11	Olpe	Kreise: Altena, Lüdenscheid=Stadt, Olpe.	
12	Paderborn	Kreise: Paderborn, Hörter, Warburg, Büren.	
18	Recklinghausen	Kreise: Recklinghausen=Stadt u Land, Buer-Stadt, Gelsenkirchen=Stadt u. Land, Herne=Stadt, Bochum=Stadt und Land, Hattingen.	
14	Rheine	Kreise: Tecklenburg, Steinfurt.	Wird einstweilen vom K.=A Münster i. W. verwaltet.
15	Soest	Kreise: Soest, Lippstadt.	
16	Siegen	Kreis: Siegen.	
17	Unna	Kreise: Hamm=Stadt u. Land, Iserlohn=Stadt und Land.	

Sachverzeichnis.

(Die Zahlen bedeuten die Seiten.)

B.

K.

M.

N.

O.

R.

S.

W.

in den angeführten Preisen enthalten.

Guttentagsche Sammlung Deutscher Reichsgesetze.

Nr. 8. Sammlung kleinerer strafrechtlicher Reichsgesetze. Von Prof. Dr R. H. Kriegsmann. 3. Aufl. — 1910. 5,85 M

Nr. 10. Das Reichsbeamtengesetz vom 31. März 1873. Von J. Pieper. 2. Aufl. — 1901. 6,50 M
Reichsbeamtengesetz von 1907, siehe Nr. 82.

Nr. 11. Zivilprozeßordnung mit Gerichtsverfassungsgesetz. Von R. Sydow. Fortgeführt von Reichsgerichtsrat L. Busch und Landrichter Dr. Krantz. 15. Aufl. Gr. 8°. 32,— M

Nr. 12. Strafprozeßordnung und Gerichtsverfassungsgesetz nebst den Gesetzen, betr. die Entschädigung der im Wiederaufnahmeverfahren freigesprochenen Personen und die Entschädigung für unschuldig erlittene Untersuchungshaft. Von Reichs-G.Rat Dr R. Hellweg. 17. Aufl., bearbeitet von Prof. Dr Kohlrausch. — 1918. 5,50 M

Nr. 13. Konkursordnung und Anfechtungsgesetz. Von R. Sydow. Fortgeführt von L. Busch. 12. Aufl. — 1916. 5,45 M

Nr. 14. Gerichtsverfassungsgesetz mit Einführungsgesetz. Herausgegeben von R. Sydow. Fortgeführt von L. Busch. 9. Aufl. — 1905. 2,35 M

Nr. 15. Das Deutsche Gerichtskostengesetz nebst den Gebührenordnungen für Gerichtsvollzieher, Zeugen und Sachverständige. Von R. Sydow. Fortgeführt von Reichsgerichtsrat L. Busch und Amtsrichter Koehler. 10. Aufl. — Im Druck.

Nr. 16. Rechtsanwaltsordnung. Von R. Sydow. 5. Aufl. von Justizrat M. Jacobsohn. Mit Nachtrag, enth. die Bestimmungen vom 22. Mai 1910. — 1907. 1,95 M

Nr. 17. Die Deutsche Gebührenordnung für Rechtsanwälte und das Preußische Gebührengesetz vom 27. IX. / 6. X. 1899.

Guttentagsche Sammlung Deutscher Reichsgesetze.

Von **R. Sydow. Fortgeführt von L. Busch. 11. Aufl.** Mit Nachtrag, enth. die Änderungen der Deutschen Gebührenordnung vom 16. Nov. 1916 und 1. April 1918 und der Preuß. Gebührenordnung vom 6. Juli 1918 nebst Tabellen. (Nachtrag apart 80 Pf.) 4,40 M

Nr. **18. Reichsstempelgesetz vom 3. Juli 1918.** (Börsen-, Lotterie-, Frachturkunden-, Fahrkarten-, Kraftfahrzeug-, Tantieme-, Scheck- und Grundstücksübertragungssteuer.) Mit den gesamten Ausführungsbestimmungen. Von **Geh. Reg.Rat P. Loeck. 12. Aufl. — 1914. 8°.** 13,— M

Neue Auflage unter Berücksichtigung der inzwischen ergangenen Abänderungsbestimmungen in Vorbereitung.

Nr. 19. Die **Seegesetzgebung.** Von Dr **W. E. Knitschky. 5. Aufl.** bearbeitet von **Ober-L.G.Rat O. Rudorff. — 1913.** 11,— M

Nr. **20. Krankenversicherungsgesetz (1883).** Von weil. Dr **E. von Woedtke.** — Neue Fassung **(1911)**, siehe **Nr. 107.**

Nr. **21.** Die **Konsulargesetzgebung.** Von Prof. Dr **Ph. Zorn. 3. Aufl.** von Dr **A. Zorn. — 1911.** 6,50 M

Nr. **22. Patentgesetz.** Nebst Ausführungsbestimmungen, völkerrechtlichen Verträgen und der Patentanwalts-Ordnung. **7. Aufl.** bearbeitet von **R. Lutter,** Geh. Reg.Rat im Kaiserl. Patentamt. **— 1908.** 4,15 M

(Kriegsvorschriften auf dem Gebiete des gewerblichen Rechtsschutzes. Von **R. Lutter. — 1917.** 8°. 2,50 M.)

Nr. **23. Gewerbe-Unfallversicherungsgesetz. (1884.)** Von weil. Dr **E. v. Woedtke.** — Neue Fassung **(1911)**, siehe **Nr. 108.**

Nr. **24. Aktiengesellschaft und Kommanditgesellschaften auf Aktien.** Von Dr **H. Keyßner** und Dr **H. Veit Simon. 6. Aufl.** von Amtsrichter **L. Keyßner. — 1911.** 4,40 M

Nr. **25. Brausteuergesetz** vom 15. Juli 1909. Von Oberzollrevisor **A. Düsse. 2. Aufl. — 1910.** 4,40 M

Nr. **26.** Die Reichsgesetzgebung über **Münz- und Notenbankwesen,** Papiergeld, Prämienpapiere und Reichsschulden. Von Dr **R. Koch. 6. Aufl. — 1910.** 5,25 M

in den angeführten Preisen enthalten.

Guttentagsche Sammlung Deutscher Reichsgesetze.

Nr. 27. **Gesundheitswesen im Deutschen Reich.** Von Dr jur. **E. Goesch** und Dr med. **J. Karsten.** — **1888.** 2,60 *M*

Nr. 28. **Bau-Unfallversicherungsgesetz.** Vom 30. Juni 1900. Von **R. Chrzescinski.** Neue Fassung (**1911**), siehe **Nr. 108.**

Nr. 29. **Erwerbs- und Wirtschaftsgenossenschaften.** Von **L. Parisius** und Dr **H. Crüger.** **16. neu bearbeitete Aufl.** von Dr **H. Crüger.** — **1919.** — Im Druck.

Nr. 30. **Invalidenversicherungsgesetz** (1899). Von weil. Dr **E. v. Woedtke.** Neue Fassung (**1911**), siehe Nr. **109.**

Nr. 31. **Gewerbegerichtsgesetz.** Von Stadtrat **L. Mugdan. 7. Aufl.** bearbeitet von Oberbürgermeister **W. Cuno.** — **1911.** 3,65 *M*

Nr. 32. Reichsgesetz, betr. die **Gesellschaften mit beschränkter Haftung.** Von **L. Parisius** und Dr **H. Crüger. 14. Aufl.** von Dr **H. Crüger.** — **1919.** — Im Druck.

Nr. 33. **Vereins- und Versammlungsrecht.** Von Dr **E. Ball. 2. Aufl.** von Dr **F. Friedenthal.** — **1907.** 3,65 *M*

Reichs-Vereinsgesetz vom 19. April 1908, siehe **Nr. 88.**

Nr. 34. Die **Abzahlungsgeschäfte.** Gesetz vom 16. Mai 1894. **3. Aufl.** von Land-G.Rat Dr **E. Wilke.** — **1910.** 2,10 *M*

Nr. 35. Die **Reichs-Eisenbahngesetzgebung.** Von Kaiserl. Amtsrichter **W. Coermann.** — **1895.** 3,40 *M*. S. auch **Nr. 66.**

Nr. 36. Gesetze, betr. die **privatrechtlichen Verhältnisse der Binnenschiffahrt und der Flößerei.** Von Geh. Justizrat **E. Löwe. 5. Aufl.** — **1915.** 5,20 *M*

Nr. 37. Gesetz gegen den **unlauteren Wettbewerb.** Von Justizrat **A. Pinner. 6. Aufl.** — **1912.** 2,35 *M*

Guttentagsche Sammlung Deutscher Reichsgesetze.

Nr. 38/39. **Bürgerliches Gesetzbuch nebst Einführungsgesetz** von Dr **A. Achilles.** In Verbindung mit Prof. Dr **André,** Senatspräsident **Meyer,** Reichs-G.Rat Dr **Strecker,** Staatsrat Dr **v. Unzner.** Herausgegeben von Wirkl. Geh. Ob.J.Rat u. Ober-L.G.Präsident **Greiff.** 9. vermehrte Aufl. 8°. — 1919. — Im Druck

Nachtrag: **Bestimmungen über das Erbbaurecht** v. 15. Januar 1919. —,60 *M*

Nr. 40. Gesetz, betr. die **Pflichten der Kaufleute bei Aufbewahrung fremder Wertpapiere [Depotgesetz].** Von Min.-Dir. **F. Lusensky.** 3. Aufl. — 1916. 3,25 *M*

Nr. 41. **Börsengesetz.** Von **Th. Hemptenmacher.** 3. Aufl. von Syndikus **O. Meyer.** — 1915. 5,20 *M*

Nr. 42. **Grundbuchordnung** nebst den preuß. Ausf.-Bestimmungen. Von Prof. Dr **O. Fischer.** 7. Aufl. — 1919. — Im Druck.

Nr. 43. **Zwangsvollstreckung in das unbewegliche Vermögen** im Reiche und in Preußen. Kosten- und Gebührentabellen. Von Dr **J. Krech** u. Dr **O. Fischer.** 8. Aufl. bearbeitet von Prof. Dr **O. Fischer.** — 1916. 8,90 *M*

Nr. 44. Das Reichsgesetz über das **Auswanderungswesen.** Von Prof. Dr **F. Stoerk.** — 1899. 3,25 *M*

Nr. 45. Das **Entmündigungsrecht** mit den für Preußen geltenden Vorschriften nebst Just.-Min.-Verfügung vom 28. Nov. 1899. Von Land-G.Rat Dr **P. Koll.** — 1900. 2,35 *M*

Nr. 46. Die Gesetze des Reiches und Preußens über die **freiwillige Gerichtsbarkeit.** Von Amts-G.Rat **H. Jastrow.** 5. Aufl. — Vergriffen! — Neue Auflage in Vorbereitung.

Nr. 47. Das **deutsche Vormundschaftsrecht** und das preuß. Gesetz über die Fürsorgeerziehung Minderjähriger. Von Ober-Verw.G.Rat **M. Schultzenstein** u. Amts-G.Rat Dr **P. Köhne.** 2. Aufl. — 1901. 4,40 *M*

in den angeführten Preisen enthalten.

Guttentagsche Sammlung Deutscher Reichsgesetze.

Nr. 48. Gesetze, betr. den **Drogen-, Gift- und Farbenhandel** außerhalb der Apotheken. Von Dr **J. Broh.** — **1899.** 1,95 ℳ

Nr. 49. Deutsche **Kolonialgesetzgebung.** Von Geh. J.Rat Prof. Dr **Ph. Zorn.** **2. Aufl.** von G.Assessor Dr **Sassen.** — **1913.** 10,40 ℳ

Nr. 50. Der **Viehkauf [Viehgewährschaft] nach dem BGB.** Verordnung betr. die Hauptmängel und Gewährsfristen beim Viehhandel. Von Rechtsanwalt Dr **H. Stölzle** und Königl. Reg.- u. Vet.Rat **H. Weiskopf.** **5. Aufl.** — **1913.** 8,45 ℳ

Nr. 51. **Hypothekenbankgesetz** vom 13. Juli 1899. Von Dr **H. Göppert.** **2. Aufl.** bearbeitet von Geh. Reg.Rat Dr **Seidel.** — **1911.** 3,40 ℳ

Nr. 52. Gesetz, betr. die gemeinsamen **Rechte der Besitzer von Schuldverschreibungen.** Von Dr **H. Göppert.** **2. Aufl.** bearbeitet von Amtsrichter Dr **E. Trendelenburg.** — **1915.** 2,60 ℳ

Nr. 53. **Reichspreßgesetz** vom 7. Mai 1874. Mit Kommentar von Bürgermeister **A. Born.** **2. Aufl.** — **1911.** 3,10 ℳ

Nr. 54. Verkehr mit **Nahrungsmitteln, Genußmitteln** und **Gebrauchsgegenständen.** Von Dr **G. Lebbin,** Nahrungsmittelchemiker in Berlin. — **1900.** 3,25 ℳ

Nr. 55. Das Recht der **Beschlagnahme von Lohn- und Gehaltsforderungen.** Von Justizrat **G. Meyer.** **5. Aufl.** — **1914.** 3,90 ℳ

Nr. 56. Gesetz, betr. die **Bekämpfung gemeingefährlicher Krankheiten.** Nebst Ausf.-Bestimmungen. Von Reg.Rat Dr **B. Burkhardt.** — **1900.** 2,10 ℳ

Nr. 57. **See-Unfallversicherungsgesetz (1887).** Von Ober-V.G.Rat Dr **W. Mittelstein.** — Neue Fassung **1911,** siehe **Nr. 108.**

Guttentagsche Sammlung Deutscher Reichsgesetze.

Nr. 58. **Das Recht der unehelichen Kinder nach dem BGB.** Von Amtsgerichtsrat. **H. Jastrow.** — **1901.** 2,60 ℳ

Nr. 59. Reichsgesetz über die **Beurkundung des Personenstandes und die Eheschließung.** Von Amts-G.Rat **Dr F. Fidler. 2. Aufl. — 1912.** 3,65 ℳ

Nr. 60. Gesetz, betr. das **Urheberrecht an Werken der Literatur und der Tonkunst.** Von Geh. Ob.J.Rat **O. Lindemann. 3. Aufl. — 1910.** 2,35 ℳ

Nr. 61. Gesetz über das **Verlagsrecht.** Von Rechtsanwalt **Dr B. Marwitz. 2. Aufl. — 1911.** 2,60 ℳ

Nr. 62. Gesetz über **private Versicherungsunternehmungen.** Von Reichs-G.Rat **H. Könige. 2. Aufl. — 1910.** 5,85 ℳ

Nr. 63. **Gesetzestafel des Deutschen Reichsrechts.** Systematisch geordnete Nachweisung des z. Z. geltenden Reichsrechts. Von **H. Bruhns. 2. Aufl. — 1912.** 5,20 ℳ

Nr. 64. Gesetzsammlung betr. den **Handel mit Drogen und Giften.** Mit Anhang: landesgesetzliche Verordnungen sämtlicher Bundesstaaten. Von Rechtsanwalt **H. Sonnenfeld,** Syndikus der Berliner Drogisten-Innung. **2. Aufl. — 1912.** 5,85 ℳ

Nr. 65. **Das Weingesetz** in der Fassung von 1909. Mit Ausf.-Bestimmungen von **Dr G. Lebbin,** Nahrungsmittelchemiker. **2. Aufl. — 1909.** 3,65 ℳ

Nr. 66. Die **Eisenbahn-Gesetzgebung.** Von **W. Pietsch,** Rechn.Rat im Reichseisenbahnamt. **2. Aufl. — 1918.** 5,20 ℳ

Nr. 67. **Militär-Strafgesetzbuch für das Deutsche Reich.** Von Wirkl. Geh. **Kriegsrat Dr A. Romen** und **Kriegsgerichtsrat Dr C. Rissom. 3. Aufl. — 1918.** 14,50 ℳ
— — Feldausgabe in 2 Bänden, gebunden 15,— ℳ

Nr. 68. **Das Fleischbeschaugesetz.** Vom 3. Juni 1900. Von Dr **G. Lebbin** u. **Dr G. Baum. — 1903.** 5,85 ℳ

in den angeführten Preisen enthalten.

Guttentagsche Sammlung Deutscher Reichsgesetze.

Nr. 69. Reichsgesetz über die **Naturalleistungen der bewaffneten Macht im Frieden** nebst den preußischen Bestimmungen. Von Dr **W. v. Hippel. — 1903.** 2,10 ℳ

Nr. 70. Das **Reichs-Haftpflichtgesetz** vom 7. Juni 1871. Von Reg.Rat Dr **G. Eger. — 1903** Vergriffen.

Nr. **71.** Gesetz betr. **Kinderarbeit in gewerblichen Betrieben** vom 30. März 1903. Von Ober-Verw.G.Rat **H. Spangenberg. 2. Aufl. — 1904.** 2,35 ℳ

Nr. **72. Unfallversicherungsgesetz für Land- und Forstwirtschaft.** (1886). Von weil. Dr **E. v. Woedtke.** Siehe Nr. **108.**

Nr. **73. Entschädigung für unschuldig erlittene Verhaftung und Bestrafung.** Anhang: Nebengesetze über Schadensersatz. Von Wirkl. Geh. Kriegsrat Dr **A. Romen. — 1904.** 3,10 ℳ

Nr. **74.** Die **Kaufmannsgerichte** nebst Ausf.-Bestimmungen. Von Prof. Dr **M. Apt. 3. Aufl. — 1904.** 3,10 ℳ
Siehe auch Nr. **112.**

Nr. 75. Reichsgesetz über die **Konsulargerichtsbarkeit.** Von Rechtsanwalt Dr **A. F. Vorwerk,** Schanghai. **2. Ausgabe,** mit den Schutzgebietsgesetzen. **— 1908.** 3,10 ℳ

Nr. **76. Die Rechtshilfe im Verkehr mit den ordentlichen Gerichten** nach deutschem Reichsrecht. Von Landrichter Dr **A. Friedländer. — 1906.** 2,60 ℳ

Nr. 77. Das Erbschaftssteuergesetz. Vom 10. September 1919. Von **B. Hendel.** — In Vorbereitung.

Nr. 78. Zigarettensteuergesetz. Vom 3. Juni 1906. Von Reg.Assessor Dr **Cuno.**

Nr. 79. Die Militärpensionsgesetze vom 31. Mai 1906 nebst Ausf.-Bestimmungen. Zum **Gebrauch** für **Heer, Marine**

Guttentagsche Sammlung Deutscher Reichsgesetze.

und Schutztruppe von Wirkl. Geh. Kriegsrat Dr **A. Romen**

a) I. Teil: **Offizierpensionsgesetz. — 1907.** 4,95 *M*

b) II. Teil: **Mannschaftsversorgungsgesetz** mit **Nachtrag**, enth. **Kapitalabfindungsgesetz** vom 3. Juli 1916. **— 1908.** 4,95 *M*

Militärversorgungsgesetze siehe auch Nr. **136.**

Nr. **80.** Reichsgesetzgebung über **gerichtliche Registerführung.** Von Geh. Ob.J.Rat **O. Lindemann. — 1906.** 4,40 *M*

Nr. **81. Urheberrecht an Werken der bildenden Künste und der Photographie.** Von Rechtsanwalt Dr **L. Fuld. — 1907.** 1,60 *M*

Nr. **82. Reichsbeamtengesetz** vom 18. Mai 1907 mit Ergänzungen von Geh.Rat Prof. Dr **A. Arndt. — 1908.** 4,40 *M*

Nr. **83.** Reichsgesetz über den **Versicherungsvertrag** nebst Einführungsgesetz. Von Dr **P. Hager** und Dr **E. Bruck. 3. verm. u. verb. Aufl. — 1913.** 8,45 *M*

Nr. **84. Sammlung kleinerer privatrechtlicher Reichsgesetze.** Von Ober-L.G.Rat **E. Müller. — 1908.** 9,10 *M*

Nr. **85. Scheckgesetz.** Von Prof. Dr **W. Apt.** Vergriffen. Siehe Nr. **113.**

Nr. **86. Die Auslieferungsverträge des Deutschen Reiches.** Von Landrichter Dr **A. Cohn. — 1908.** 5,85 *M*

Nr. **87.** Gesetz zum **Schutz der Warenbezeichnungen.** Von Geh. Reg.Rat, Mitgl. des Kaiserl. Patentamts Dr **Freund** und Rechtsanwalt **Magnus. 5. Aufl. — 1909.** 5,20 *M*

Nr. **88. Vereinsgesetz** vom 19. April 1908. **Von Wirkl.** Geh. Kriegsrat Dr **A. Romen. Mit den neuen Bestimmungen** über **Jugendliche und Gewerkschaften. 4. Aufl. — 1916.** 4,55 *M*

Nr. **89. Vogelschutzgesetz** vom 30. Mai 1908 nebst den das Flugwild betr. Bestimmungen der Preuß. Jagdordnung. Von Dr **L. v. Boxberger. — 1909.** 1,60 *M*

in den angeführten Preisen enthalten.

Guttentagsche Sammlung Deutscher Reichsgesetze.

Nr. 90. Die Haager Abkommen über das **Internationale Privatrecht.** Von Dr **G. Bogeng. — 1908.** 3,25 *M*

Nr. 91. **Eisenbahn-Verkehrsordnung** mit Ausf.-Bestimmungen. Von Reg.Rat Dr **E. Blume. — 1909.** 3,65 *M*

Nr. 92. Gesetz, betr. den **Verkehr mit Kraftfahrzeugen.** Von Amts-G.Rat **R. Kirchner. 3. Aufl. — 1915.** 5,85 *M*

Nr. 93. Gesetz über die **Sicherung der Bauforderungen.** Von Justizrat Dr **E. Harnier. 3. Aufl. — 1912.** 2,35 *M*

Nr. 94. **Haftpflicht der Reichs- und Staatsbeamten** von Dr **H. Delius. 2. Aufl.**, mit dem Gesetz über Haftung des Reichs für Beamte vom 22. Mai 1909. — **1909.** Vergriffen.

Nr. 95. Die Berner Übereinkunft über **Internationales Urheberrecht.** Von Geh.Rat Dr **H. Dungs. — 1910.** 1,60 *M*

Nr. 96. **Branntweinsteuergesetz** vom 15. Juli 1909 mit den für das Reich erlassenen Ausf.-Bestimmungen und Kriegsverordnungen. **2. Aufl.**, bearbeitet von Reg.Assessor Dr **K. Kniebe**, Hilfsarbeiter im Reichsamt d. Innern. — **1916.** 5,20 *M*
Branntweinmonopolgesetz siehe Nr. **131 a.**

Nr. 97. **Schutzgebietsgesetz** nebst dem G. über die Konsulargerichtsbarkeit sowie den Ausf.-Bestimmungen. **Von J. Gerstmeyer,** Wirkl. Legationsrat. — **1910.** 4,40 *M*

Nr. 98. **Sechs Haager Abkommen** über **Internationales Privatrecht.** Von Geh. Ob.Reg.Rat Dr **H. Dungs. — 1910.** 2,35 *M*

Nr. 99. **Die Abkommen der Haager Friedenskonferenz.** Von Dr **H. Wehberg. — 1910.**
Vergriffen. Neue Bearbeitung im Druck.

Nr. 100. Gesetz über den **Absatz von Kalisalzen.** Von Geh. Bergrat **E. Voelkel. — 1910.** 3,40 *M*

Guttentagsche Sammlung Deutscher Reichsgesetze.

Nr. **101. Zuwachssteuergesetz** vom 14. Februar 1911. **Von** Geh. Reg.Rat Dr **W. Cuno. — 1911.** 5,20 *M*

Nr. **102. Urheberrecht an Mustern und Modellen** und Ges. betr. Schutz von **Gebrauchsmustern.** Von Reg.Rat **J. Neuberg,** Mitgl. d. **Kaiserl.** Patentamts. **— 1911.** 3,40 *M*

Nr. **103. Reichs-Viehseuchengesetz** vom 26. Juni 1909 nebst Ausführungsvorschriften u. dem preuß. Ausführungsgesetz. Von Landrat Dr **W. v. Hippel. 2. Aufl. — 1912.** 6,50 *M*

Nr. **104. Versicherungsgesetz für Angestellte.** Von Rechtsanwalt **O. Bernstein** u. Dr **J. Kupferberg. 2. Aufl. — 1912.** Vergriffen.

Nr. **105. Das Geldwesen in den deutschen Schutzgebieten.** Von **W. Hintze,** Geh. Sekr. im Reichskolonialamt. **— 1912.** 2,90 *M*

Nr. 106—109. Reichs-Versicherungsordnung nebst Einführungsgesetz. Herausgegeben unter Mitwirkung von Dr **F. Caspar,** Wirkl. Geh. Rat, Direktor im Reichsamt d. Innern und **A. Spielhagen,** Geh. Ob.Reg.Rat, vortr. Rat im Reichsamt d. Innern. **4 Bände.**

Nr. **106.** I., V. u. VI. Buch. **Gemeinsame Vorschriften. — Beziehungen der Versicherungsträger zu einander und zu anderen Verpflichteten. — Verfahren.** Von Dr **K. Lippmann,** Reg.Rat im Reichs-Vers.Amt, Geh. Reg.Rat Dr **L. Laß** und Geh. Reg.Rat **H. Siefart. — 1913.** 8,45 *M*

Nr. **107.** II. Buch. **Krankenversicherung.** Von Geh.Reg.Rat **H. Siefart** u. Reg.Rat Dr **F. Sitzler. — 1916.** 9,75 *M*

Nr. **108.** III. Buch. **Unfallversicherung.** Von **A. Radtke,** Geh. Reg.Rat im R.Vers.Amt. **— 1913.** 11,— *M*

Nr. **109.** IV. Buch. **Invaliden- und Hinterbliebenenversicherung.** Von Geh. Ob.Reg.Rat **B. Jaup,** vortr. Rat im Reichsamt d. Innern, und **H. Follmann,** Geh. Reg.Rat im R.Vers.Amt. **— 1912.** Mit Nachtrag. 1914—1916. 5,85 *M*

Nr. 110. Wehrbeitragsgesetz mit Ausf.-Bestimmungen. **Von Wirkl.Geh.Ob.Fin.Rat A. Fernow. 2. Aufl. — 1913.** 2,90 *M*

Nr. **111. Reichs- und Staatsangehörigkeitsgesetz. Von** Wirkl. Geh. Kriegsrat Dr **A. Romen. — 1913.** 3,25 *M*

in den angeführten Preisen enthalten.

Guttentagsche Sammlung Deutscher Reichsgesetze.

Nr. 112. **Kaufmannsgerichtsgesetz** mit Best. des Gewerbegerichtsgesetzes. Von Dr **H. Depène,** Vors. des Kaufmannsgerichts zu Berlin. — **1914.** 3,65 ℳ

Nr. 113. **Postscheckgesetz.** Von Oberpostinspektor **J. Weiland.** — **1914.** Mit Nachtrag **1918.** 2,35 ℳ

Nr. 113 a. **Postscheckordnung** mit Ausf.-Bestimmungen. Von **J. Weiland.** — **1914.** Mit Nachtrag **1918.** 2,35 ℳ

Nr. 114. **Waffengebrauch und Festnahmerecht des Militärs.** Von Wirkl. Geh. Kriegsrat Dr **A. Romen** und Kriegsgerichtsrat Dr **C. Rissom.** — **1914.** 2,90 ℳ

Nr. 115. **Das vertragliche Wettbewerbsverbot [Konkurrenzklausel].** Nebst Kommentar zum G. v. 10. Juni 1914. Von Rechtsanwalt Dr **G. Baum.** — **1914.** 4,40 ℳ

Nr. 116. **Kriegs-Zivil- und -Finanzgesetze** vom 4. Aug. 1914 und den dazu erlassenen Verordnungen und Bekanntmachungen. **3. Aufl.** — **1915.** 3,40 ℳ

Nr. 116 a. Zweite Folge: **Das Jahr** 1915. — **1916.** Siehe auch Nr. **129.** 2,90 ℳ

Nr. 117. **Darlehnskassengesetz.** Von Rechtsanwalt **Salomon** und Bankvorsteher **Bud.** — **1915.** 2,90 ℳ

Nr. 118. **Militärhinterbliebenengesetz.** Von Rechn.Rat **Reh.** Mit Nachtrag, enth. das **Kapitalabfindungsgesetz** vom 11. Juli 1916. — **1915.** — (Siehe auch Nr. **136.**) 3,65 ℳ

Nr. 119. **Kriegsleistungsgesetz.** Von Rechtsanwälten J.Rat **Heilberg** und **Schäffer.** — **1915.** 4,15 ℳ

Nr. 120. **Telegraphenwegegesetz.** Von Postreferendar **Wolf.** — **1916.** 2,35 ℳ

Nr. 121. **Direkte Kriegssteuer.** Gesetze z. Besteuerung der Kriegsgewinne. Von Ob.Verw.Gerichtsrat **A. Mrozek.** — **1916.** 5,85 ℳ

Nr. 122. **Gesetz über den Belagerungszustand.** Von Kriegsgerichtsrat Dr **H. Pürschel.** — **1916.** 6,50 ℳ

Nr. 123. **Warenumsatzstempel.** Von Geh. Ober-Justizrat **Lindemann.** — **1916.** 3,25 ℳ

Umsatzsteuergesetz — **1918.** Siehe Nr. **132.** (Gesetz von 1919 in Vorbereitung.)

Guttentagsche Sammlung Deutscher Reichsgesetze.

Nr. 124. **Todeserklärung Kriegsverschollener.** Von Prof. Dr **J. Partsch.** — 1916. 3,90 ℳ

Nr. 125. Das Gesetz über den **vaterländischen Hilfsdienst.** 3. vermehrte Aufl. — 1917. 1,50 ℳ

Nr. 126. **Besitzsteuergesetz** mit Ausf.-Bestimmungen. Von Ob.Verw.Gerichtsrat **A. Mrozek.** — 1917. 6,— ℳ

Nr. 127. Verordnung über die **Geschäftsaufsicht zur Abwendung des Konkurses** vom 14. Dez. 1916. Von Rechtsanwalt **G. Klien,** mit system. Einleitung von Geh. Hofrat Dr **Ernst Jaeger** ord. Prof. a. d. Universität Leipzig. — 1917. 2,— ℳ

Nr. 128. Gesetz betr. die **Verhaftung u. Aufenthaltsbeschränkung** vom 4. Dez. 1916. Nebst Anhang, betr. Entschädigung unschuldig Verhafteter. Von Wirkl. Geh. Kriegsrat Dr **A. Romen.** — 1917. 2,50 ℳ

Nr. 129. Kriegsgesetze auf dem Gebiete des **Zivil- und Prozeßrechtes,** für die gerichtliche Praxis zusammengestellt von Amtsrichter Dr **Johannes Fischer.** — 1918. 4,— ℳ

Nr. 130. **Ersatzlebensmittelverordnung** nebst Ausführ. Vorschr. des Reichs und der wichtigsten Bundesstaaten. Verordnungen über **Schleichhandel, Preistreiberei und Papierhandel.** Von **Heinz Emil Wendel,** Polizeirat in Berlin. — 1918. 2,— ℳ

Nr. 131 a. **Reichsfinanzgesetzgebung 1918.** Bd. I. **Getränkesteuern** (Bier, Branntwein, Wein, Schaumwein, Limonaden). Von Dr. **G. Mayer.** — 1918. 6,50 ℳ

Nr. 131 b. **Reichsfinanzgesetzgebung 1918.** Bd. II. **Abgabe vom Einkommen, Umsatz, Kriegsgewinn** usw., **Steuerflucht.** Von Dr. **G. Mayer.** — 1919. 4,— ℳ

Nr. 132. **Umsatzsteuergesetz** und Ausführungsbestimmungen. Von Geh. Ober-Justizrat **Otto Lindemann,** vortr. Rat im Justizministerium. — 1918. 5,50 ℳ

Neues Gesetz von 1919 in Vorbereitung.

Nr. 133. **Reichswuchergesetzgebung.** Von Reichsgerichtsrat Dr. **Ad. Lobe.** — 1918. 6,50 ℳ

Nr. 134. **Die Friedensverträge** Von Dr. **Karl Strupp.** I. **Die Ostfrieden.** — 1918. 12,— ℳ

Nr. 135. Verordnung über das **Erbbaurecht.** Von Landrichter Dr. **Hermann Günther.** 5,— ℳ

in den angeführten Preisen enthalten.

Guttentagsche Sammlung Deutscher Reichsgesetze.

Nr. 136. Militärversorgungsgesetze. Von Landrichter Dr. Hermann Günther. — 1919. 6,50 M

Nr. 137. Die neue Verfassung des Deutschen Reiches. Von Prof. Dr. A. Arndt. 6,— M

Nr. 138. Arbeitsverfassung, Arbeitsrecht und Arbeitsschutz. Von Prof. Dr. A. Günther. 6,— M

Nr. 139. Grunderwerbsteuergesetz. Von Geh. Ober-Justizrat Otto Lindemann. 6,— M

Nr. 140. Die Siedelungsgesetzgebung im Reich und in Preußen. Von Geh. Ob.-Justizrat W. Holzapfel. Im Druck.

Nr. 141. Sozialisierungsgesetze. Von Rechtsanwalt Dr. Otto Meier. Im Druck.

Die neuen Steuergesetze siehe Seite 31 dieses Verzeichnisses.

Guttentagsche Sammlung
Preußischer Gesetze.

Text-Ausgaben mit Anmerkungen. Taschenformat.

Nr. 1. **Die Verfassungs-Urkunde** für den Preußischen Staat. Mit Einleitung, vollständigem Kommentar. Von Prof. Dr **A. Arndt. 7. Aufl. — 1911.** 5,85 ℳ

Nr. 2. Preußische **Beamten-Gesetzgebung.** Enth. die wichtigsten Beamtengesetze in Preußen. Von **K. Pfafferoth. 5. Aufl. — 1916.** 3,90 ℳ

Nr. 3. **Aufnahme** von **Nottestamenten** durch die bestellten Urkundspersonen. Anweisung mit Musterbeispielen. Von Amts-G.Rat **E. Kurtz. — 1904.** 2,35 ℳ

Nr. 4. **Gebührenordnung** für **Notare** vom 25. Juli 1910. **5. Aufl.** von Justizrat **Rausnitz. — 1917.** 5,— ℳ

Nr. 5. Gesetz vom **24. April 1854 [betr. die außerehel. Schwängerung].** Von Dr **Schulze. — 1873.** 1,— ℳ
Reichs-Recht siehe: Reichsgesetze Nr. **58.**

Nr. 6. Die Preuß. **Ausführungsgesetze und Verordnungen zu den Reichs-Justizgesetzen.** Von **R. Sydow.**
Ersetzt durch B u s c h - E y l a u, Ausführungsgesetze.

Nr. 7. Allg. **Gerichtsordnung** und Preuß. **Konkursordnung.** Von **F. Vierhaus.** Vergriffen.

Nr. 8. **Vormundschaftsordnung.** Von **F. Schultzenstein.**
Reichs-Recht siehe: Reichsgesetze **Nr. 47.**

Nr. 9. Die Preußische **Grundbuchgesetzgebung.** Von Prof. Dr **Fischer.** Vergriffen; siehe: Reichsgesetze Nr. **42.**

Nr. **10. Einkommensteuergesetz.** Von Wirkl. Geh. Ob. Finanzrat **A. Fernow. 8. Aufl. — 1913.** Vergriffen! — Neue Auflage nach Verabschiedung des angekündigten Abänderungsgesetzes.

in den angeführten Preisen enthalten.

Guttentagsche Sammlung Preußischer Gesetze.

Nr. 11. **Gewerbesteuergesetz.** Von Wirkl. Geh. Ob. Fin. Rat **A. Fernow. 6., vermehrte Aufl. — 1915.** 6,25 ℳ

Nr. 12. **Allgemeines Berggesetz.** Mit seinen Novellen und Nebengesetzen. **8. Aufl.**, bearbeitet von den Oberbergräten **Schlüter** und **Hense. — 1913.** 10,40 ℳ

Nr. 13. **Ergänzungssteuergesetz** (Vermögenssteuergesetz). Von Wirkl. Geh. Ob. Fin. Rat **A. Fernow. 5. Aufl.** Mit Nachtrag, enth. Ges. betr. Erhöhung der Zuschläge vom 8. Juli 1916. **— 1914.** 5,85 ℳ

Nr. 14. **Kommunalabgabengesetz.** Vom 14. Juli 1893 und Ges. wegen Aufhebung direkter Staatssteuern. Von Oberbürgermeister **Dr F. Adickes. 5. Aufl.** bearbeitet von Stadtrat **Dr Woell. — 1911.**

Vergriffen, neue Auflage in Vorbereitung.

Nr. 15. Die **Kreisordnungen** für den Preußischen Staat. Von Land-G. Rat **O. Kolisch. — 1894.** 5,50 ℳ

Nr. 16. **Konzessionierung gewerblicher Anlagen.** Von Geh. Reg. Rat **Dr W. v. Rüdiger. 2. Aufl. — 1901.** 2,60 ℳ

Nr. 17. Preußisches **Gerichtskostengesetz.** Vom 25. Juli 1910. Mit Kostentabellen. Von Kammer-G. Rat **Dr P. Siméon. 7. Aufl. — 1913.** Mit Nachtrag: Abänderungen vom 17. Febr. 1917. 5,85 ℳ

Nr. 18. Preußisches **Stempelsteuergesetz** vom 30. Juni 1909. Mit sämtlichen Ausf.-Bestimmungen. Von **P. Loeck. 8. Aufl.** von Reg. Rat **W. Seyffarth. — 1914.** 11,70 ℳ

Nr. 19. **Das Jagdscheingesetz.** Von Wirkl. Geh. Ob. Reg. Rat **F. Kunze. 2. Aufl. — 1899.** 2,90 ℳ

Nr. 20. Die **preußischen Erbschaftssteuergesetze.** Von Rechn. Rat **A. Hoffmann. — 1905.** 5,20 ℳ

(**Reichs-Erbschaftssteuergesetz** siehe **Reichsgesetze Nr. 77** und Seite 21.)

Nr. 21. Gesetz über die **Handelskammern.** Von Min.-Dir. **F. Lusensky. 2. Aufl. — 1909.** 4,40 ℳ

Guttentagsche Sammlung Preußischer Gesetze.

Nr. 22. Gesetz, betr. **Anstellung und Versorgung der Kommunalbeamten.** Von Dr **W. Ledermann. 2. Aufl.**, bearbeitet von Dr **L. Brühl. — 1914.** 3,10 ℳ

Nr. 23. Ausführungsgesetz zum Bürgerlichen Gesetzbuche. Von Kammer-G.Rat Dr **P. Siméon. 3. Aufl. — 1914.** 3,10 ℳ

Nr. 24. Die **Hinterlegungsordnung. (1879)** Von Reg.Rat Dr **G. Bartels. 2. Aufl. — 1908.** 2,60 ℳ

— —, Abänderungsgesetz vom 21. April 1913 siehe Nr. **53.**

Nr. 25. Preußische Kommunalbeamtengesetzgebung. Von Mag.Assessor Dr **F. Kremski,** Berlin. — **1901.** 4,40 ℳ

Nr. 26. Gesetze über das **Diensteinkommen der Lehrer und Lehrerinnen, Ruhegehalt und Hinterbliebenenfürsorge.** Tabelle zur Berechnung der Ruhegehalts-, Witwen- und Waisenbezüge. Von Bürgermeister Dr **E. Cremer. — 1900.** 3,40 ℳ

Nr. 27. Gesetz, betr. die **Warenhaussteuer.** Von Geh. Ob.Fin.Rat Dr **G. Strutz. — 1900.** 1,95 ℳ

Nr. 28. Die **Fürsorgeerziehung Minderjähriger.** Von Geh. Justizrat Dr **P. F. Aschrott.** Mit Ausführungsbestimmungen und allen wichtigeren Ministerialerlassen. **3. Aufl. — 1917.** 5,— ℳ

Nr. 29. Gesetz, betr. **die ärztlichen Ehrengerichte, das Umlagerecht und die Kassen der Aerztekammern.** Von Amts-G.Rat Dr **F. Fidler. — 1901.** 2,35 ℳ

Nr. 30. Das Preußische Staatsschuldbuch und **Reichsschuldbuch.** Von Wirkl. Geh. Ob.F.Rat **J. Mücke. — 1902.** 2,60 ℳ

Nr. 31. Die geltenden Preußischen Gesindeordnungen. Zwei Bände. Von Rechtsanwalt **St. Gerhard.**

31 a. Gesindeordnung für die altpreußischen Provinzen vom 8. Nov. 1810, unter Berücksichtigung der Ergänzungsgesetze, der Rechtsverhältnisse der Stellenvermittler und

in den angeführten Preisen enthalten.

Guttentagsche Sammlung Preußischer Gesetze.

Reichsversicherungsordnung, sowie die Gesindeordnungen für Neuvorpommern und Rügen und für die Rheinprovinz. **2. Aufl. — 1914.** 4,40 ℳ

81 b. Gesindeordnungen für Hannover, Schleswig-Holstein, Hessen-Nassau und den Regierungsbezirk Hohenzollern. — **1902.** 3,65 ℳ

Nr. **82. Die Städteordnung für die sechs östlichen Provinzen Preußens.** Von **Dr W. Ledermann** u. **Dr L. Brühl. 2. Aufl. — 1913.** 9,75 ℳ

Nr. **83. Rentenguts- und Anerbenrechts-Gesetzgebung in Preußen.** Von Land-G.Rat **M. Peltasohn** und Rechtsanwalt **B. Peltasohn. — 1903.** 4,40 ℳ

Nr. **84.** Sammlung der wichtigsten **preußischen Strafgesetze** nebst Ges., betr. polizeil. Strafverfügungen vom 23. April 1883. Von Geh. Ob.J.Rat. **Lindemann. 2. Aufl. — 1912.** 4,70 ℳ

Nr. **85. Geschäftsordnung für Gerichtsvollzieher.** Von **E. Exner. — 1904.** 4,55 ℳ

Nr. **86. Polizeiverordnungen in Preußen.** Von Geh. Ob.J.Rat **O. Lindemann. — 2. Aufl. 1912.** 3,40 ℳ

Nr. **87.** Gesetz, betr. **Enteignung von Grundeigentum** vom 11. Juni 1874. Von Ob.L.G.Rat **O. Meyer. 2. Aufl. — 1911.** 3,25 ℳ

Nr. **88. Kreis- und Provinzial-Abgabengesetz** vom 23. April 1906. Von Gemeindevorsteher **F. Schmidt. — 1906.** 1,95 ℳ

Nr. **89.** Gesetz, betr. die **Unterhaltung der öffentlichen Volksschulen.** Von Reg.Rat **Dr A. Marcks. — 1906.** 2,90 ℳ

Nr. **40. Verwaltungsstrafverfahren** bei Zuwiderhandlungen gegen die Zollgesetze und indirekte Reichs- und Landesabgaben. Von **Dr R. Katzenstein. — 1907.** 5,20 ℳ

Guttentagsche Sammlung Preußischer Gesetze.

Nr. **41. Die preußischen Jagdpolizeigesetze.** Von Wirkl. Geh. Ob.Reg.Rat **F. Kunze** und Rechtsanwalt **R. Kühnemann. 2. Aufl. — 1907.** 5,20 ℳ

Nr. **42.** Die Gesetzgebung über die **Allgemeine Landesverwaltung** und **Zuständigkeit der Verwaltungs- und Verwaltungsgerichtsbehörden.** Von Dr **K. Friedrichs. — 1908.** 4,40 ℳ

Nr. **43.** Gesetz, betr. die **Zulassung einer Verschuldungsgrenze** für land- und forstwirtschaftlich benutzte Grundstücke. Von Syndikus Dr **R. Leweck. — 1908.** 3,40 ℳ

Nr. **44. Quellenschutzgesetz** nebst den Ausführungsbestimmungen. Von Geh. Bergrat **E. Voelkel. — 1909.** 1,60 ℳ

Nr. **45. Rechtsverhältnisse der Juden in Preußen.** Von Rechtsanwalt Dr **M. Kollenscher. — 1910.** 3,40 ℳ

Nr. **46.** Gesetz betr. **Austritt aus der Landeskirche** vom 14. Mai 1873. Von Ger.Assessor **H. Caro. — 1911.** 3,40 ℳ

Nr. **47.** Gesetz, betr. die **Feuerbestattung.** Von Amts-G.Rat Dr **W. Lohmann. — 1912.** 2,10 ℳ

Nr. **48. Zweckverbandsgesetz für Groß-Berlin** vom **19. Juli** 1911 nebst Abdruck des allgemeinen Zweckverbandsgesetzes. Von den Magistratsräten Dr **L. Brühl,** Dr **K. Gordan** und Stadtrat Dr **W. Ledermann. — 1912.** 5,85 ℳ

Nr. **49. Gesetze gegen die Verunstaltung landschaftlich hervorragender Gegenden** mit Ausf.-Anweisungen. Von Reg.Rat **O. Goldschmidt. — 1912.** 3,40 ℳ

Nr. **50. Gesetz, betr. die Anlegung und Veränderung von Straßen und Plätzen in Städten und ländlichen Ortschaften.** Von Oberlandgerichtsrat **O. Meyer. — 1913.** 4,40 ℳ

Nr. **51. Das preußische Disziplinargesetz für die nichtrichterlichen Beamten** und die Privatdozenten. Von Reg.Rat Dr **E. v. Dultzig. — 1914.** 6,25 ℳ

in den angeführten Preisen enthalten.

Guttentagsche Sammlung Preußischer Gesetze.

Nr. 52. **Preußisches Wassergesetz** v. 7. April 1913. Von den Rechtsanwälten **G. Wulff** und **F. Herold**. — **1913**. 7,15 M

Nr. 53. **Hinterlegungsordnung** v. 21. April 1913. Von Landrichter **Hagemann**. — **1914** 3,25 M

Nr. 54. Gesetz betr. **Anlegung von Sparkassenbeständen in Inhaberpapieren** nebst Ausf.-Verordnung vom 8. Mai 1913. Von Rechtsanwalt **H. Döhring**. — **1914**. 2,90 M

Nr. 55. **Preußisches Wohnungsgesetz** und **Bürgschaftssicherungsgesetz**. Von Hochschulprofessor Dr. jur. **B. Schmittmann**. — **1918**. 6,— M

Nr. 56. **Das preußische Tumultschadengesetz**. Von Justizrat Dr **Bruno Friedländer**. — **1919**. 1,20 M

Nr 57. Gesetz über **Landeskulturbehörden**. Von Geh. Ober-Justizrat **W. Holzapfel**. Im Druck.

Sonderverzeichnisse über hervorragende Erscheinungen aus den Gebieten des Verwaltungs- und Handelsrechts sowie der genossenschaftlichen Literatur durch jede Buchhandlung und direkt vom Verlage.

in den angeführten Preisen enthalten.

Schlagwort-Register

R. = Nummer der Sammlung Deutscher Reichsgesetze.
P. = Nummer der Sammlung Preußischer Gesetze.
S. = Seite.

Schlagwort-Register. (R. = Reichsgesetz, P. = preuß. Gesetz.)

Schlagwort-Register. (R. = Reichsgesetz, P. = preuß. Gesetz.)

Schlagwort-Register. (R. = Reichsgesetz, P. = preuß. Gesetz.)

— 51 — 11. XII. 1919. 10 000.

FSC
www.fsc.org
MIX
Papier | Fördert
gute Waldnutzung
FSC® C083411

Kolibri 360 GmbH
Ferdinand-Jühlke-Straße 7
99095 Erfurt, Deutschland
produktsicherheit@kolibri360.de